T0118203

Build It!

Make Supercool Models with Your Favorite LEGO® Parts

DINOSAURS

Jennifer Kemmeter

GRAPHIC ARTS BOOKS®

Contents

Lunchtime on the Green

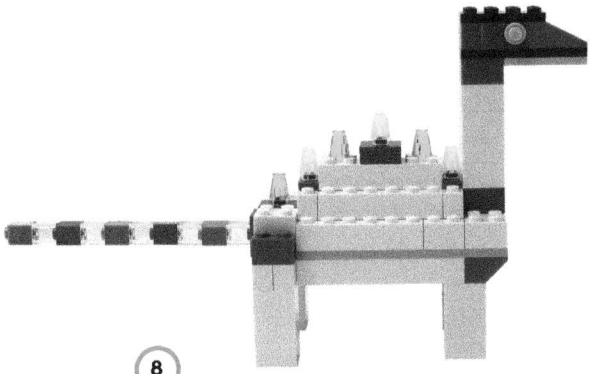

8 Brontosaurus

13 Stegosaurus

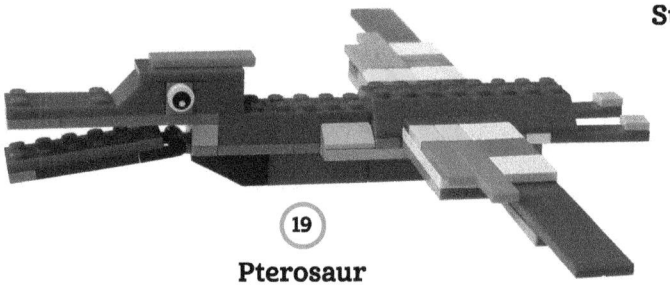

19 Pterosaur

Exploring the River

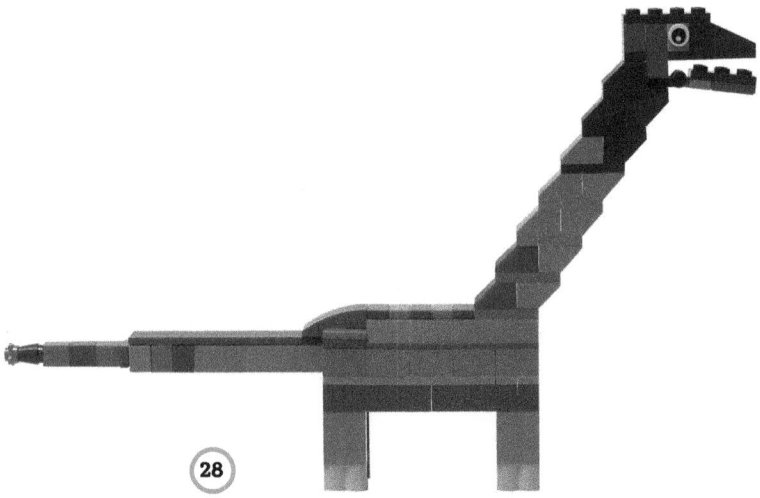

28 Diplodocus

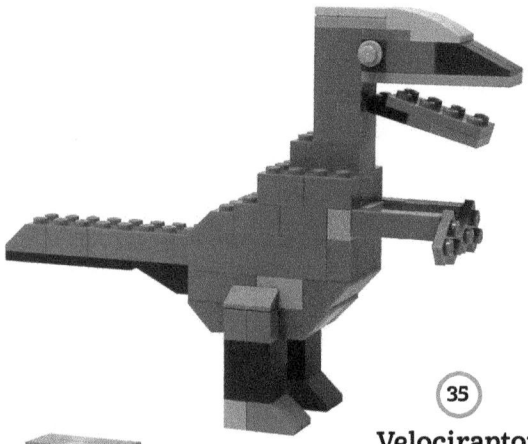

35 Velociraptor

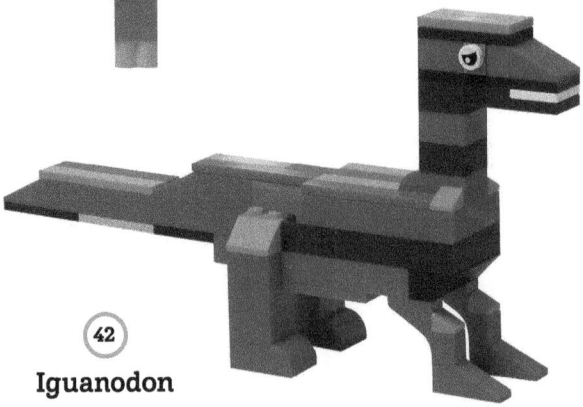

42 Iguanodon

Volcano Run

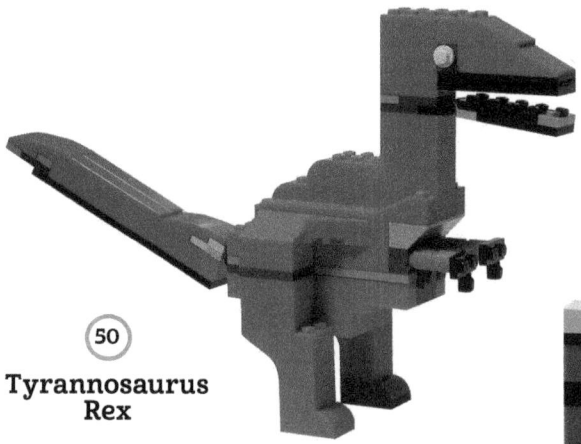

50
Tyrannosaurus Rex

60
Ankylosaurus

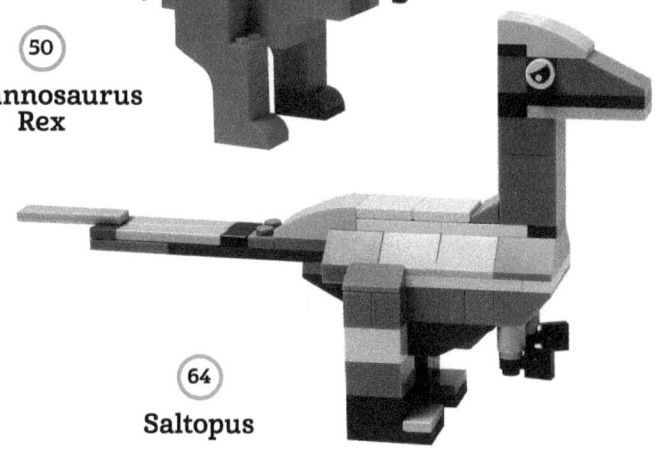

64
Saltopus

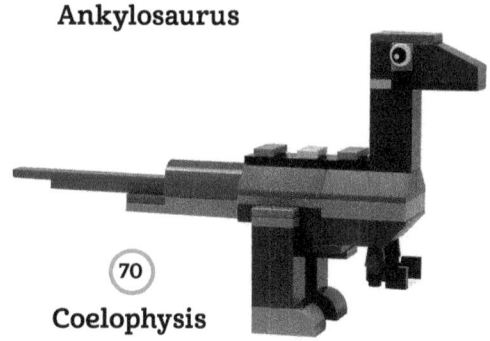

70
Coelophysis

Baby Dinos

78
Baby Brontosaurus

82
Baby Triceratops

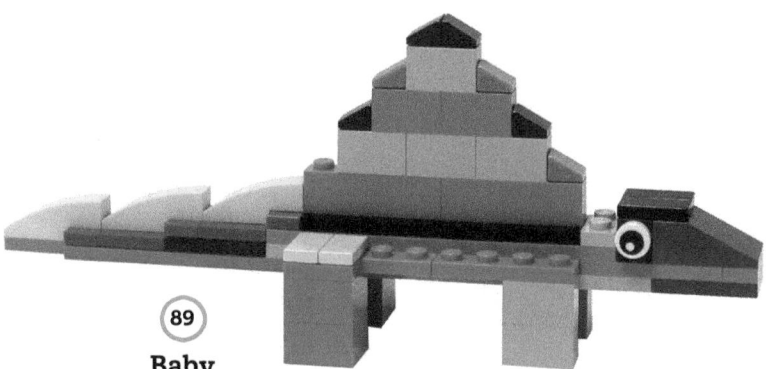

89
Baby Spinosaurus

94
Blue Dino Egg

95
Red Dino Egg

96
Green Dino Egg

How to Use This Book

What you will be building.

Build a Tyrannosaurus Rex

A photo of what your finished Tyrannosaurus Rex will look like.

An illustration of the finished Tyrannosaurus Rex that looks like the pictures in the steps.

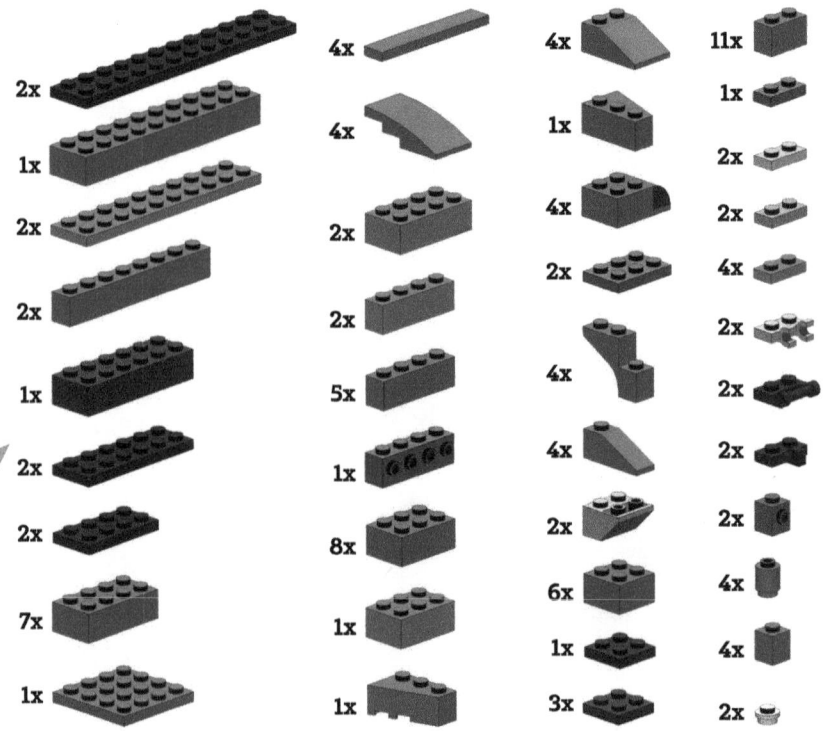

All the pieces you will need to build the model are listed at the beginning of each of the instructions.

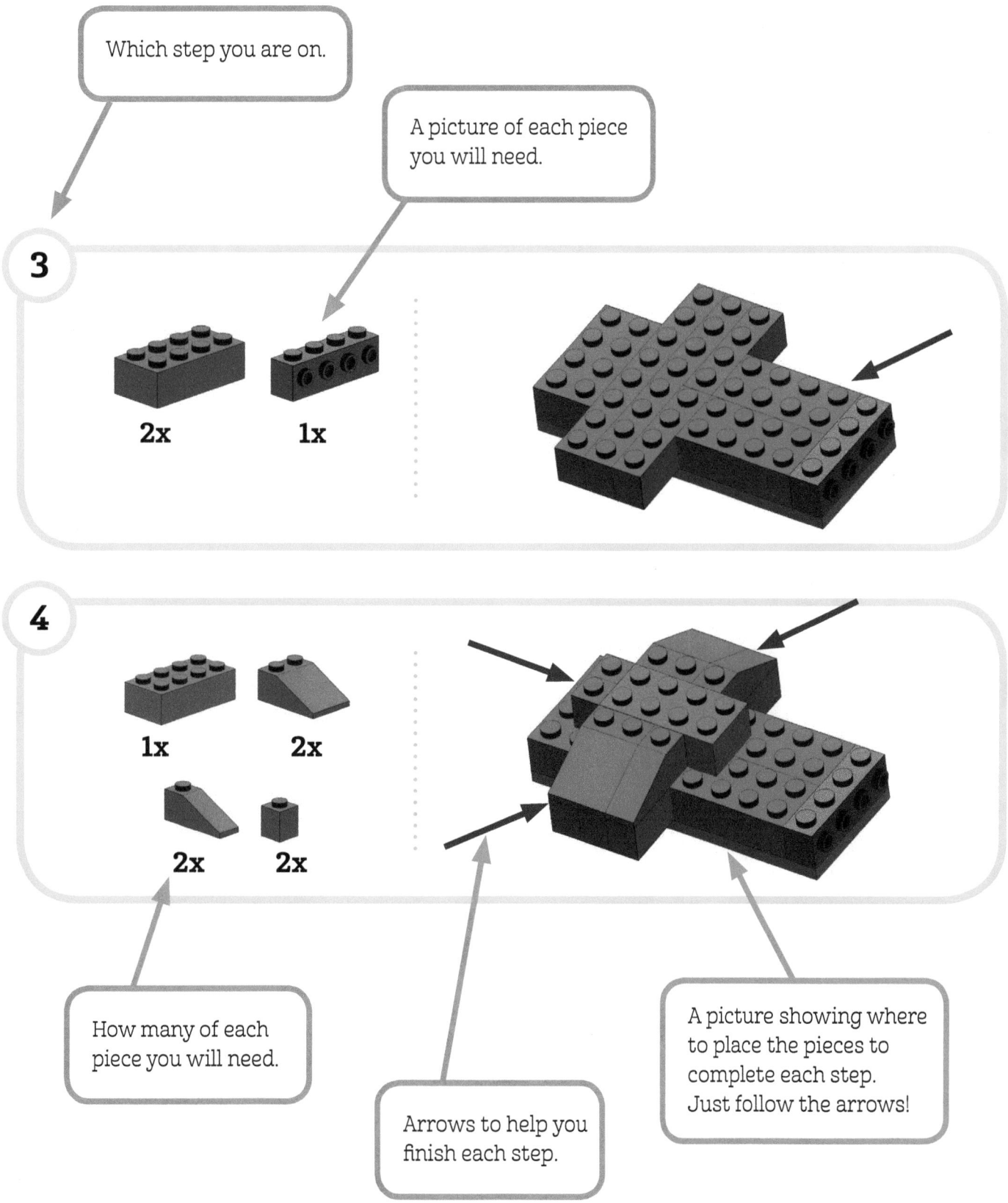
Which step you are on.
A picture of each piece you will need.
3
2x
1x
4
1x
2x
2x
2x
How many of each piece you will need.
Arrows to help you finish each step.
A picture showing where to place the pieces to complete each step. Just follow the arrows!

Lunchtime on the Green

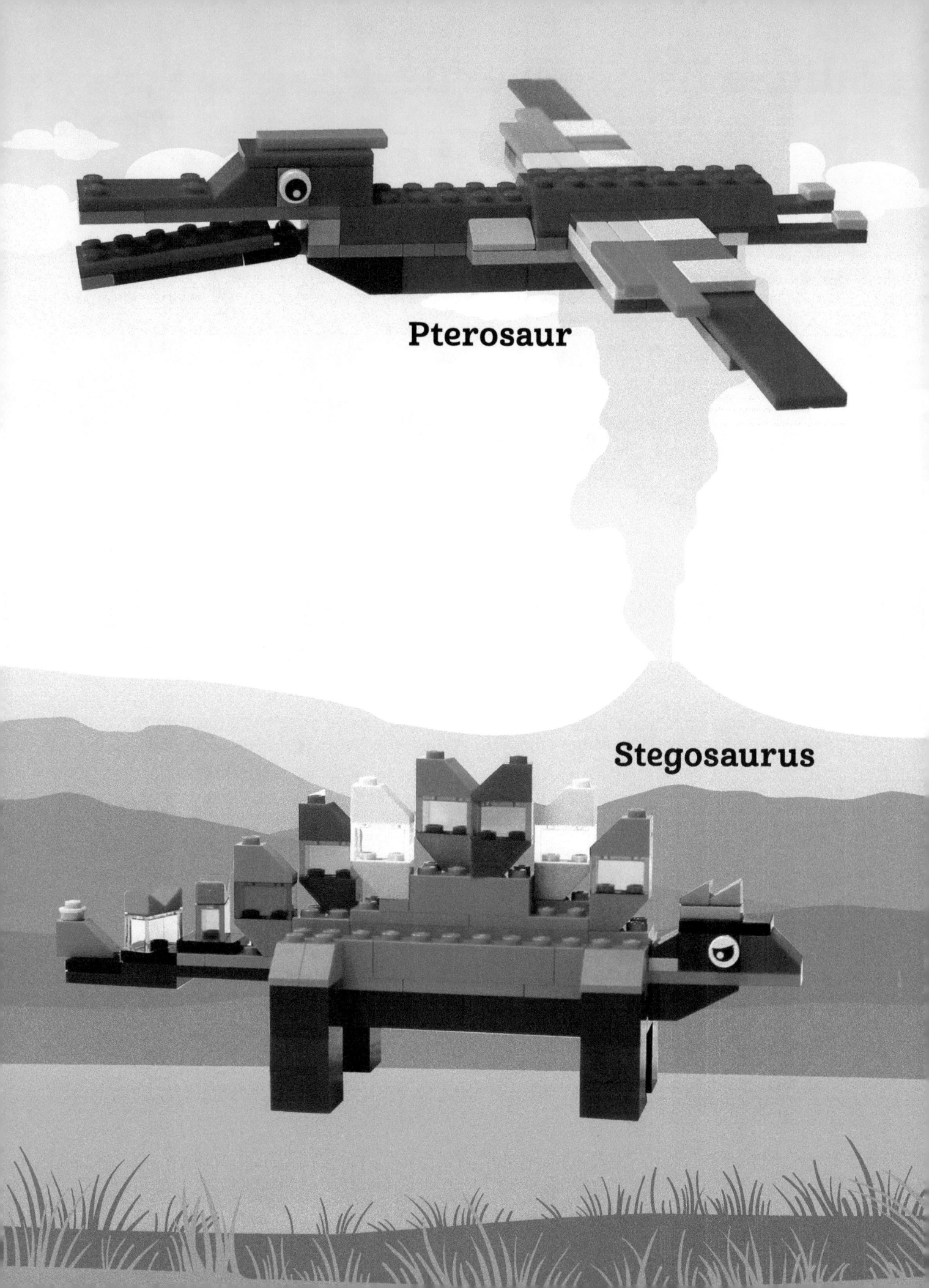
Pterosaur
Stegosaurus

Build a Brontosaurus

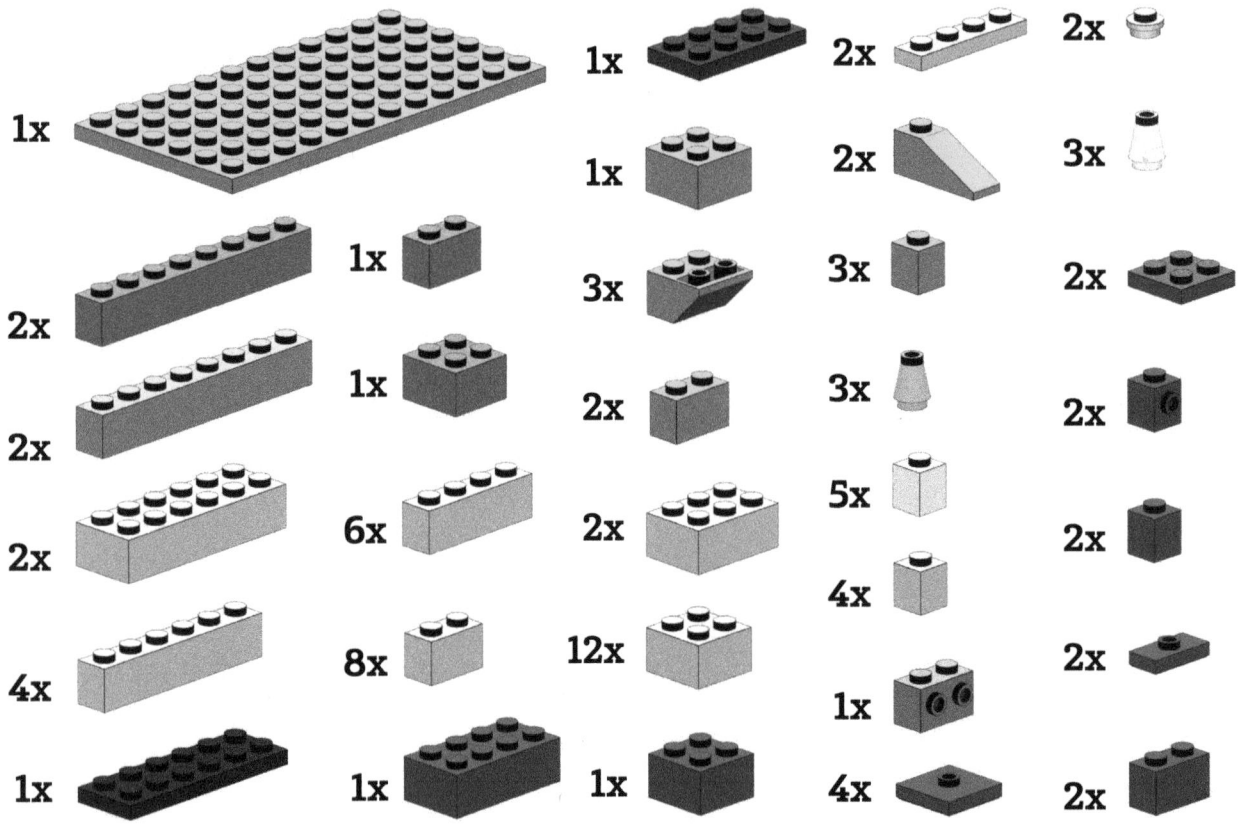

1

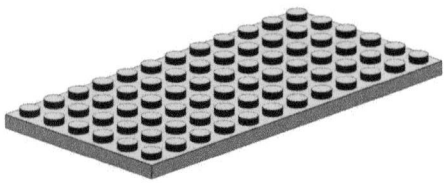

1x

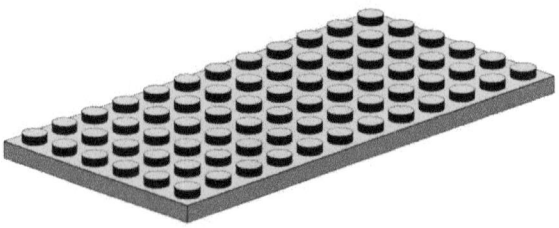

2

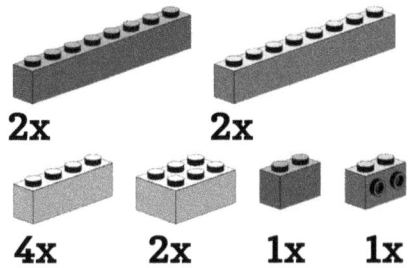

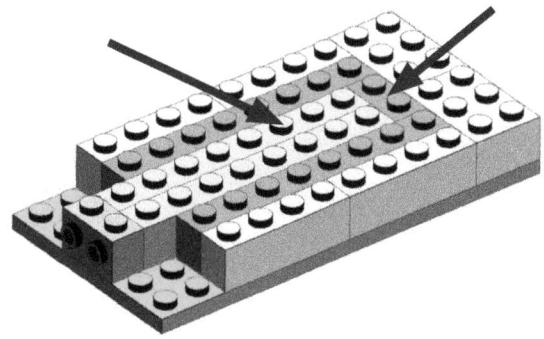

3

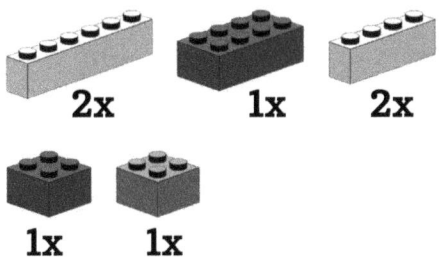

4

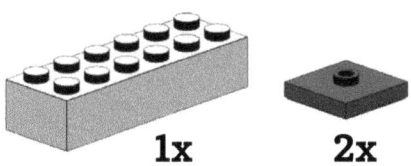

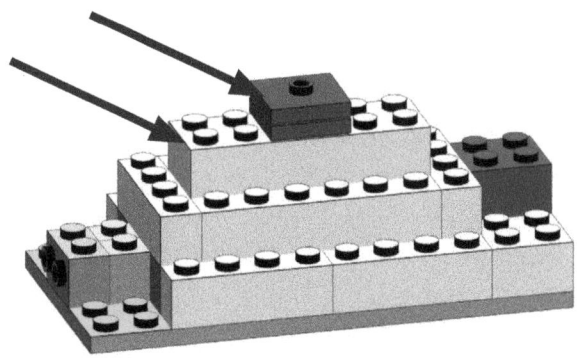

5

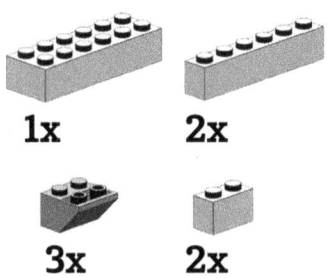

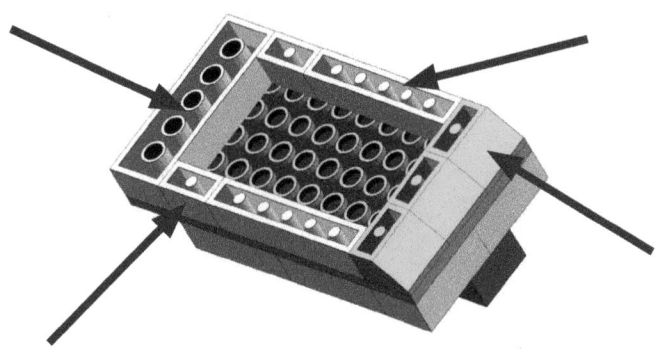

6

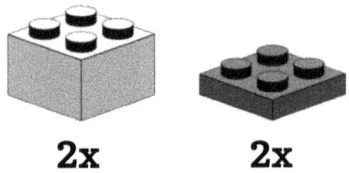

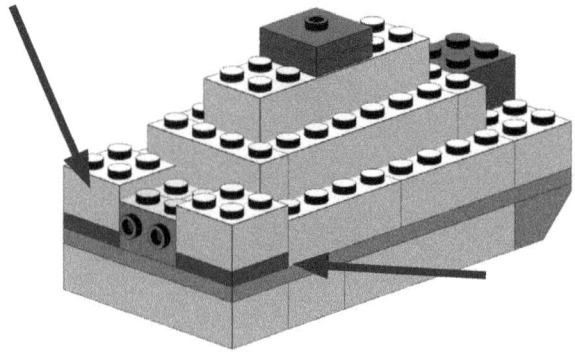

7

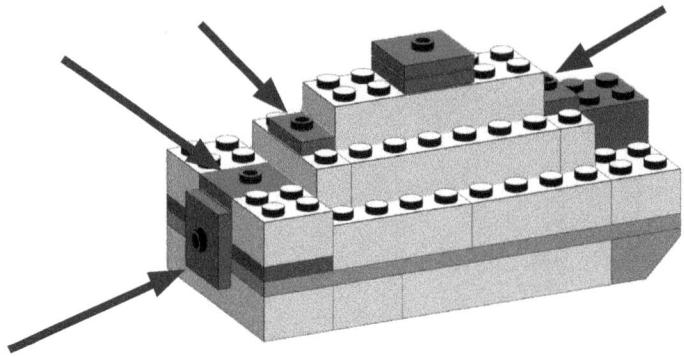

8

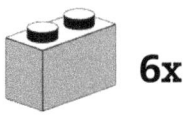

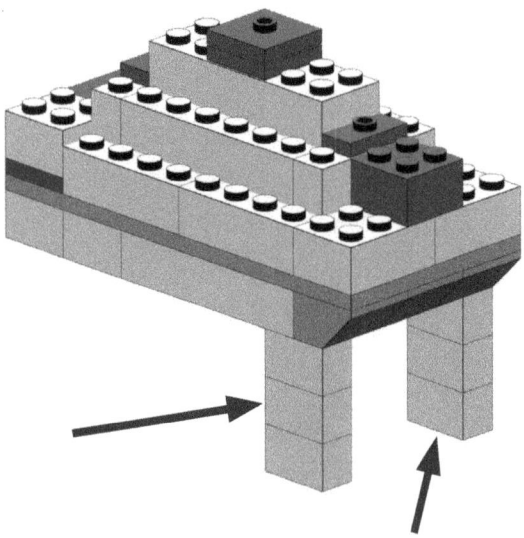

9

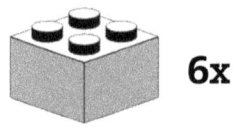

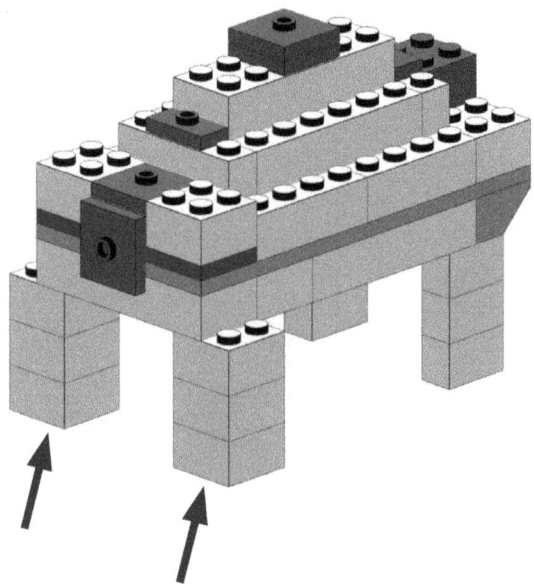

10

2x 4x

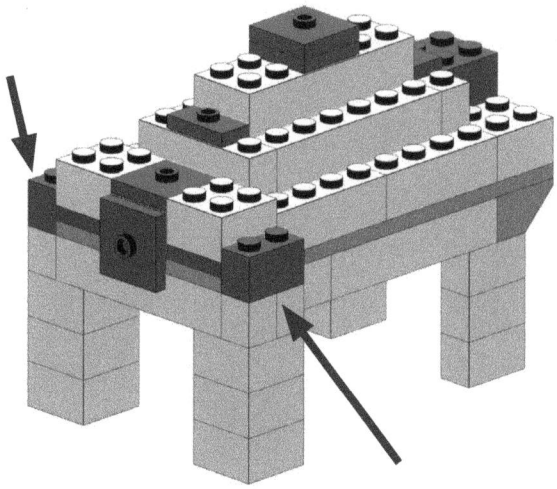

11

1x 4x

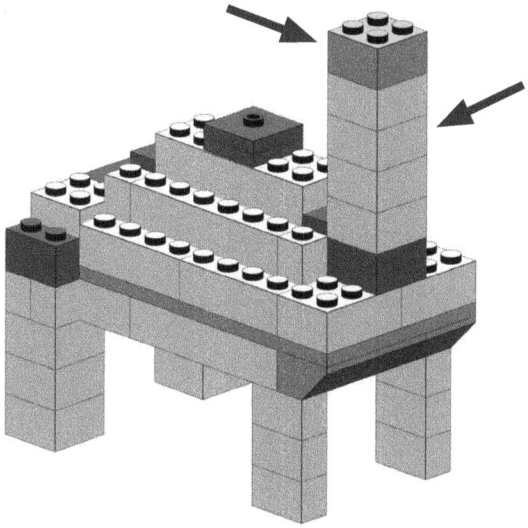

12

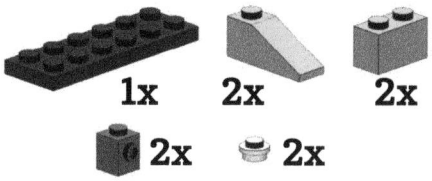

1x 2x 2x

2x

2x

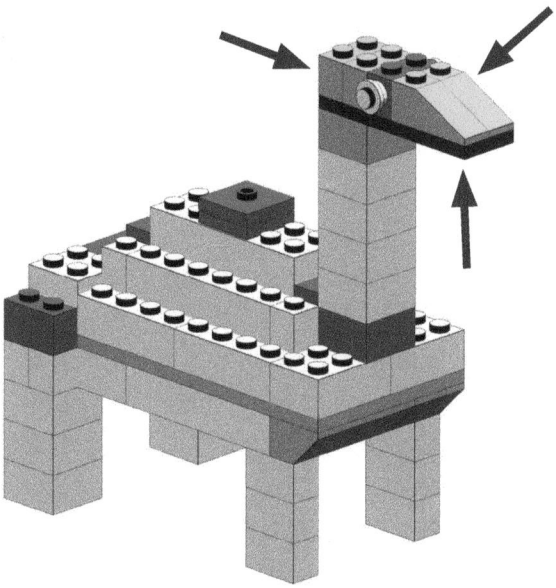

13

1x 2x

14

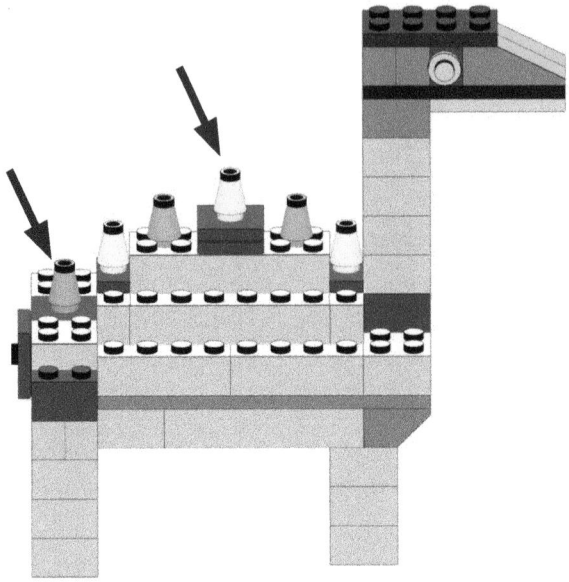

15

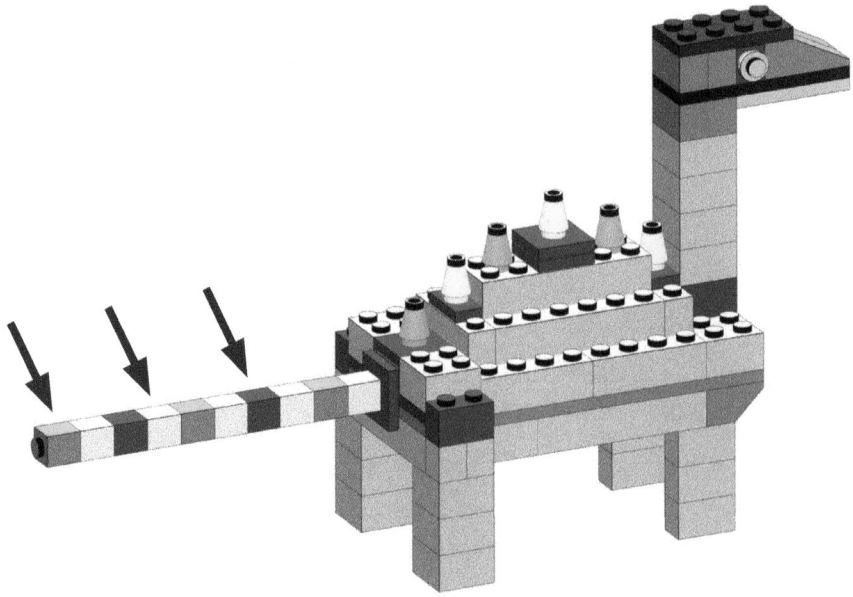

Build a Stegosaurus

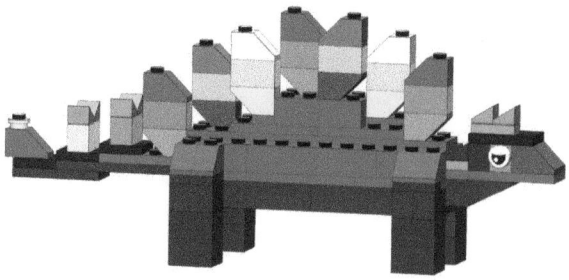

3x 1x 1x 4x 2x 4x 4x 2x

4x 5x 1x 2x 1x 7x 2x

2x 3x 8x 2x 2x 2x 4x

1x 2x 3x 1x 2x 1x 2x 2x

3x 2x 2x 2x 1x 1x 2x 4x 1x

2x 2x 2x 2x 2x 2x 2x 2x

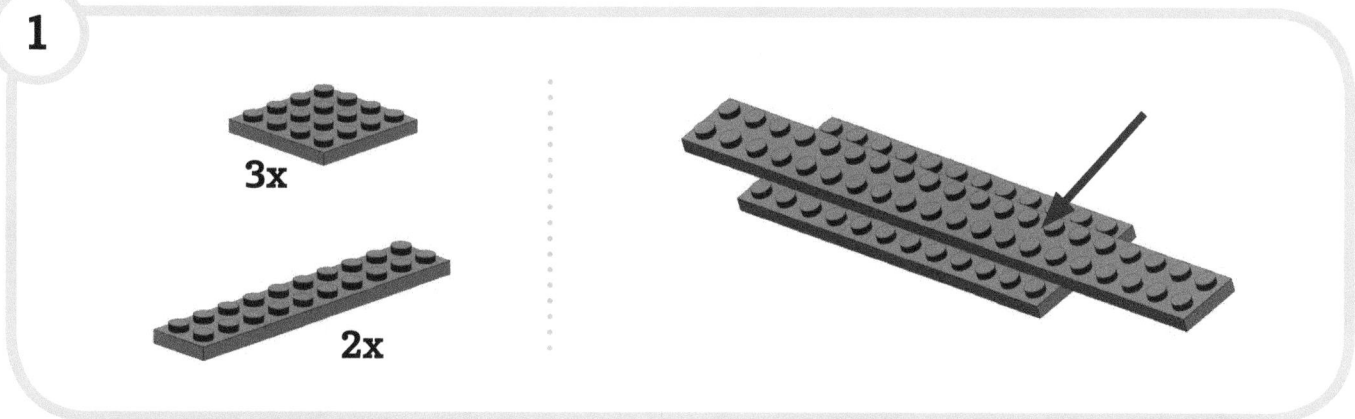

2

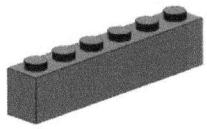

2x

2x

2x

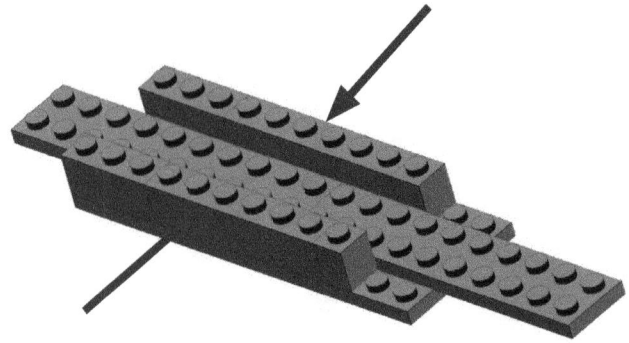

3

1x

2x

4

4x

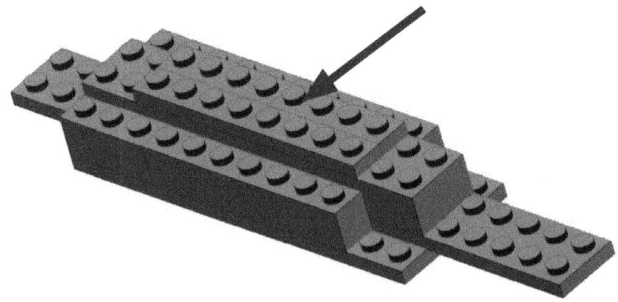

5

1x

2x

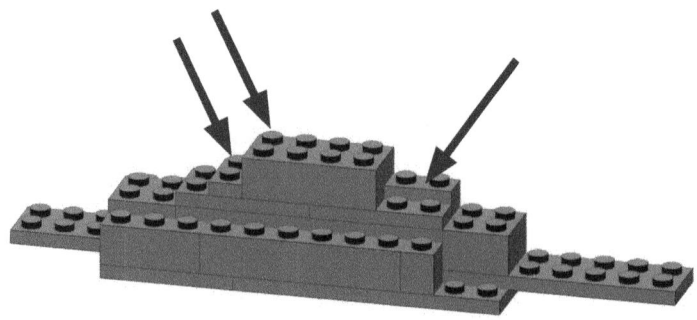

6

2x 4x

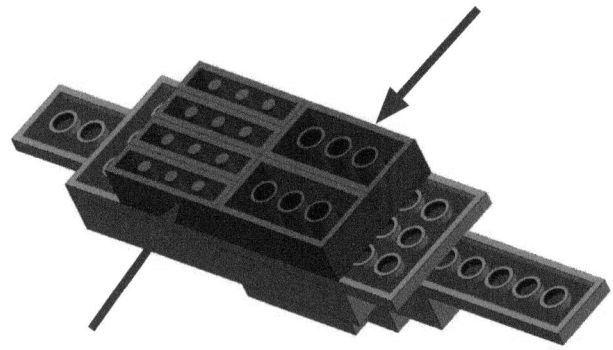

7

2x

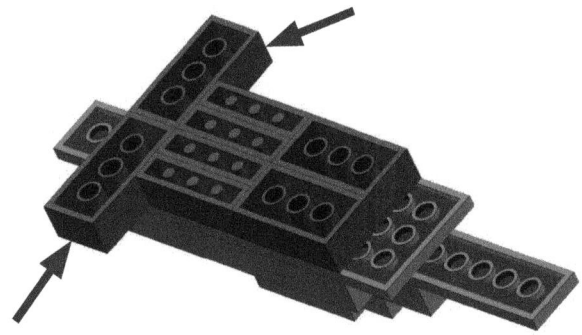

8

1x 2x

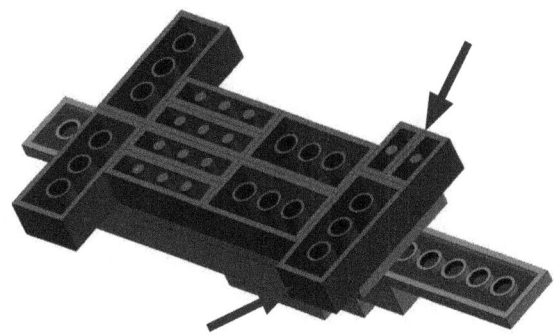

9

2x 1x

10

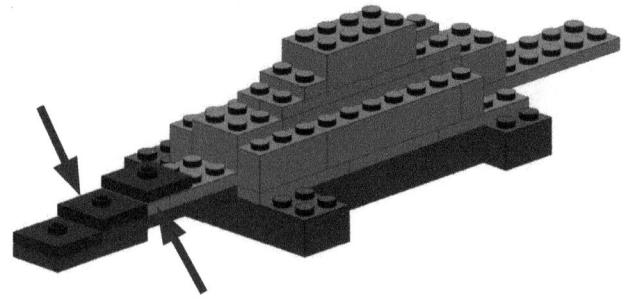

11

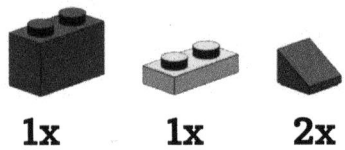

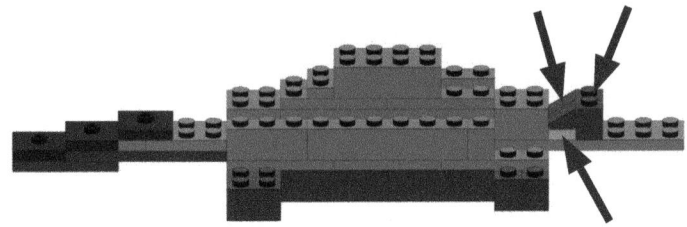

12

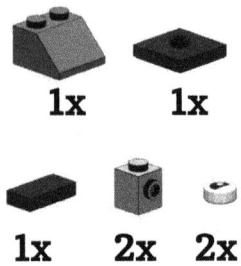

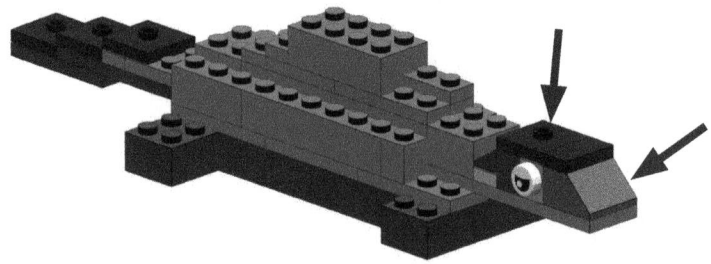

13

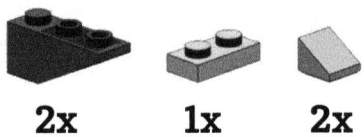

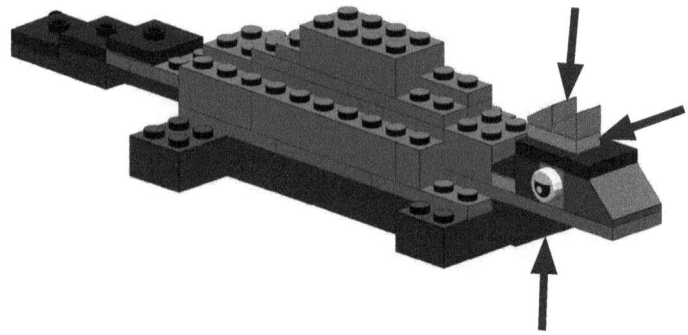

14

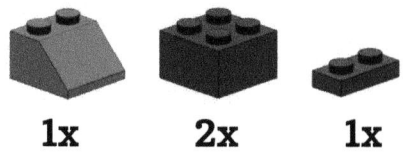

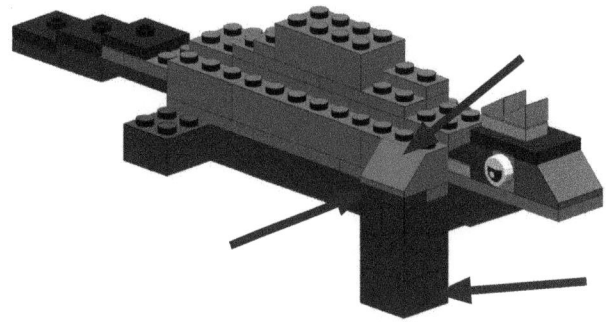

15

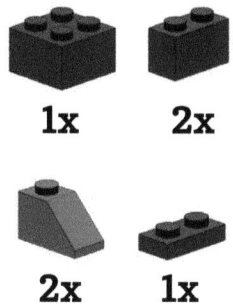

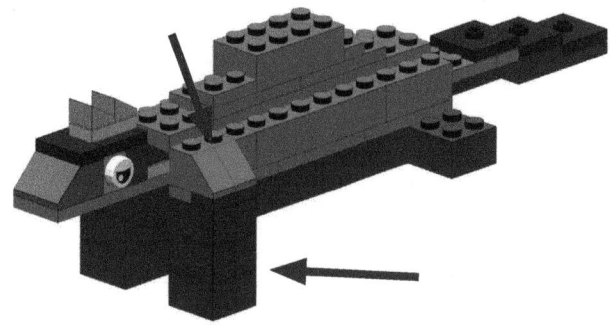

16

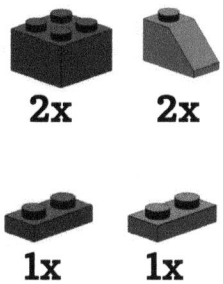

17

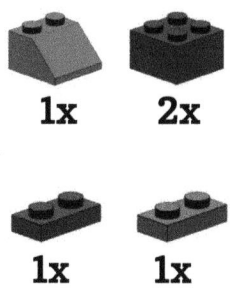

18

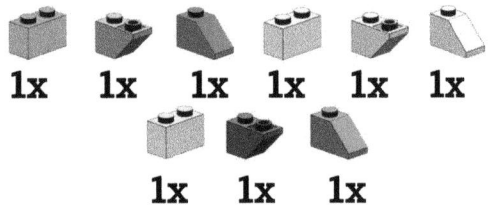
1x
1x
1x
1x
1x
1x
1x
1x
1x

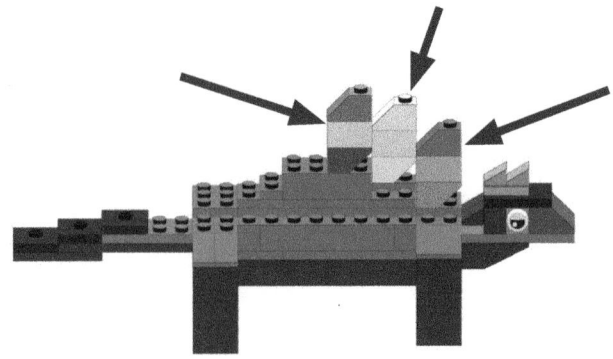

19

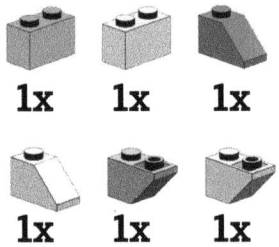
1x
1x
1x
1x
1x
1x

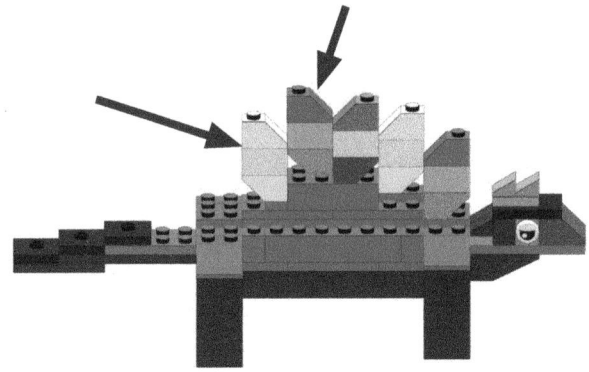

20

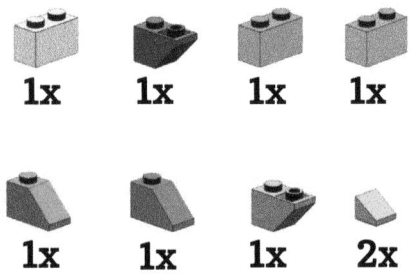
1x
1x
1x
1x
1x
1x
1x
2x

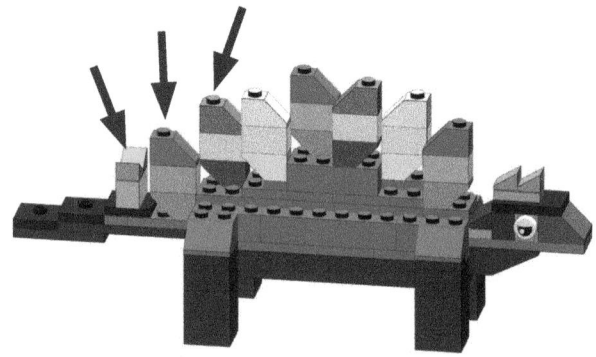

21

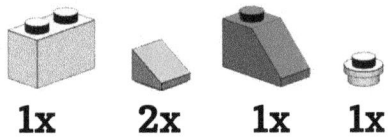
1x
2x
1x
1x

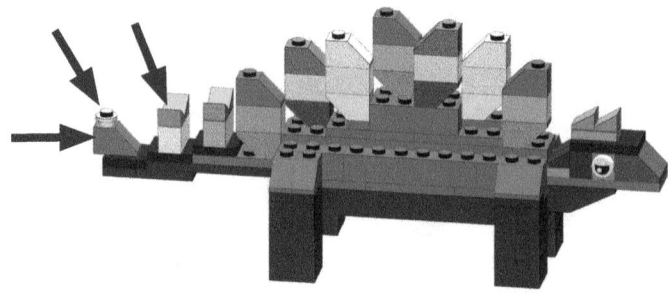

Build a Pterosaur

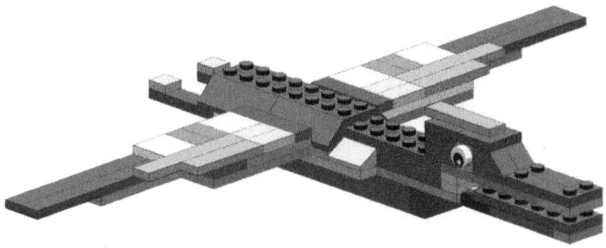

1x 1x 2x 6x 4x 2x 2x 4x

1x 1x 2x 3x 2x 4x 3x 2x

4x 2x 2x 2x 4x 2x 1x 1x 2x 2x

4x 2x 1x 4x 4x 4x 1x 2x 2x 2x

1

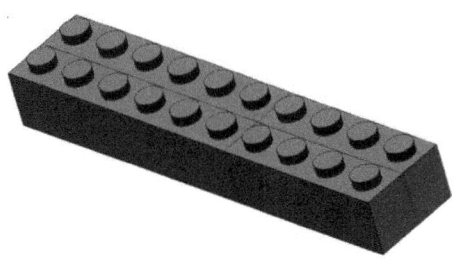

2

1x

2x

3

2x

4

1x

1x

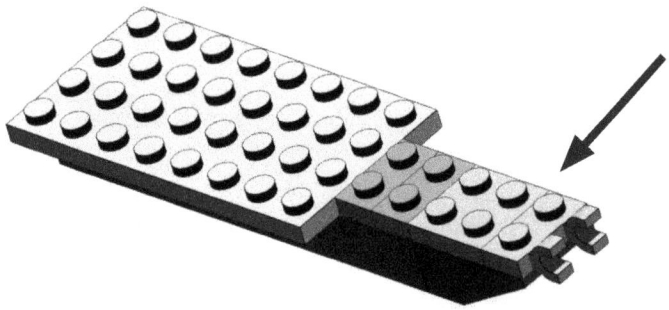

5

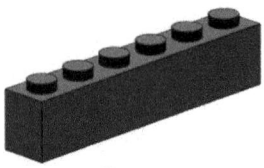

2x

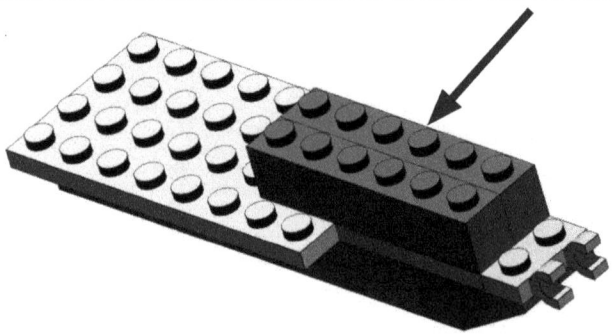

6

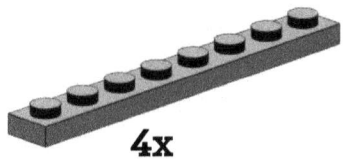

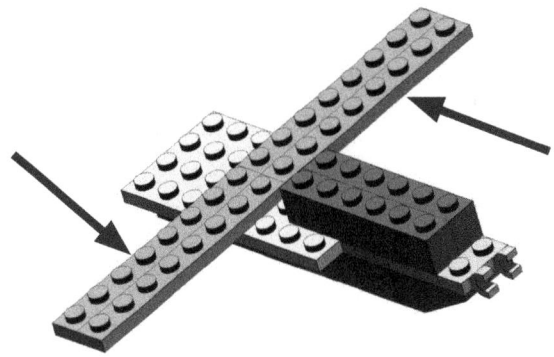

7

8

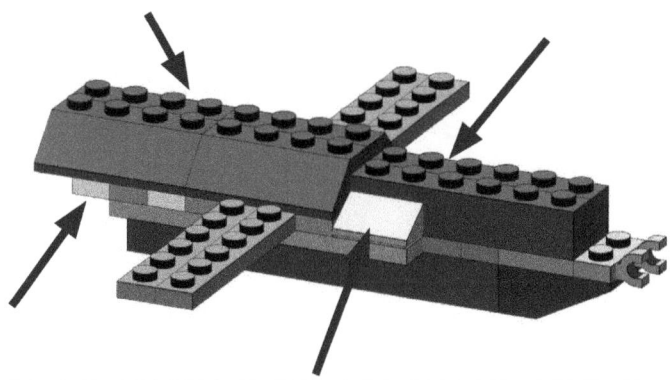

9

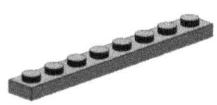

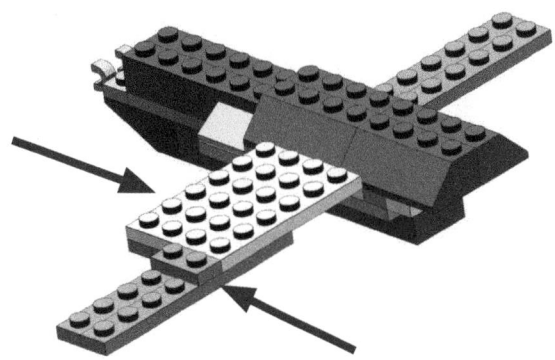

10

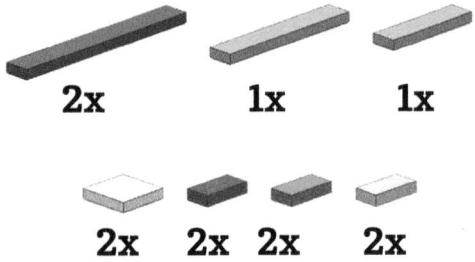

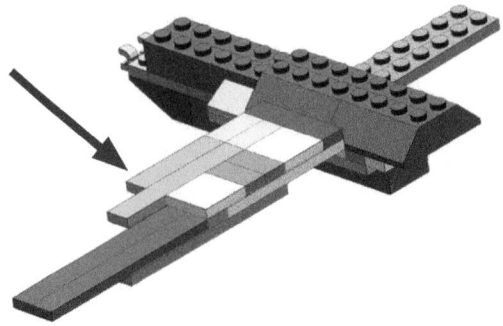

11

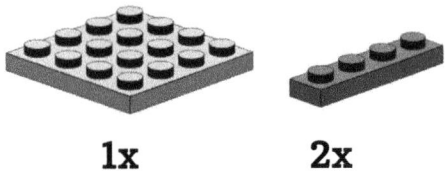

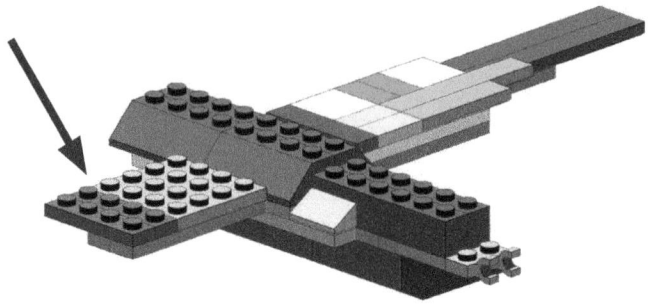

12

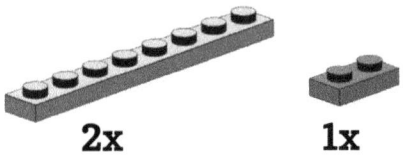

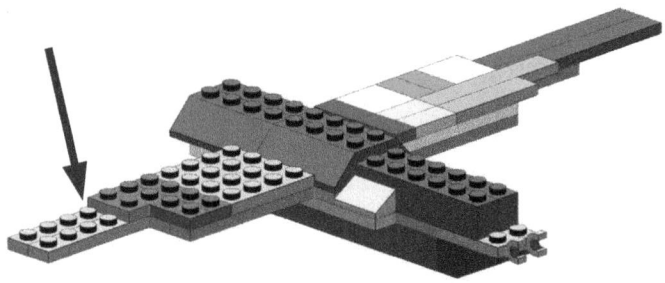

13

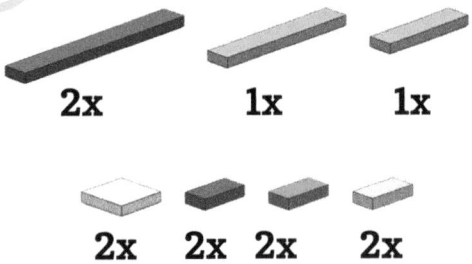

14

2x

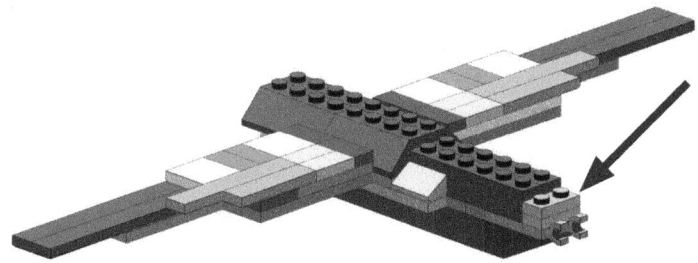

15

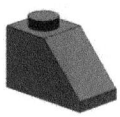

2x

2x

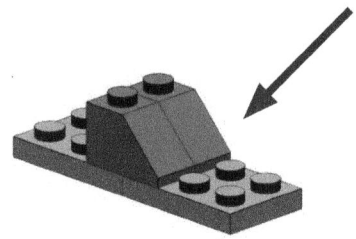

16

2x

2x

2x

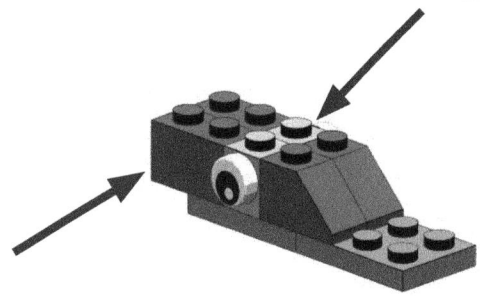

17

2x

1x

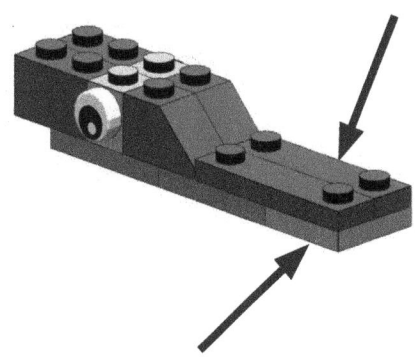

18

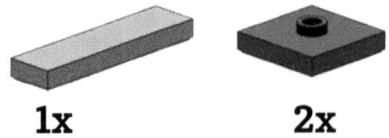

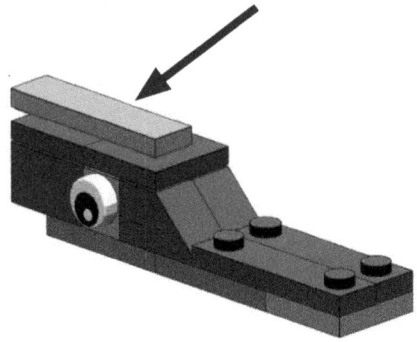

19

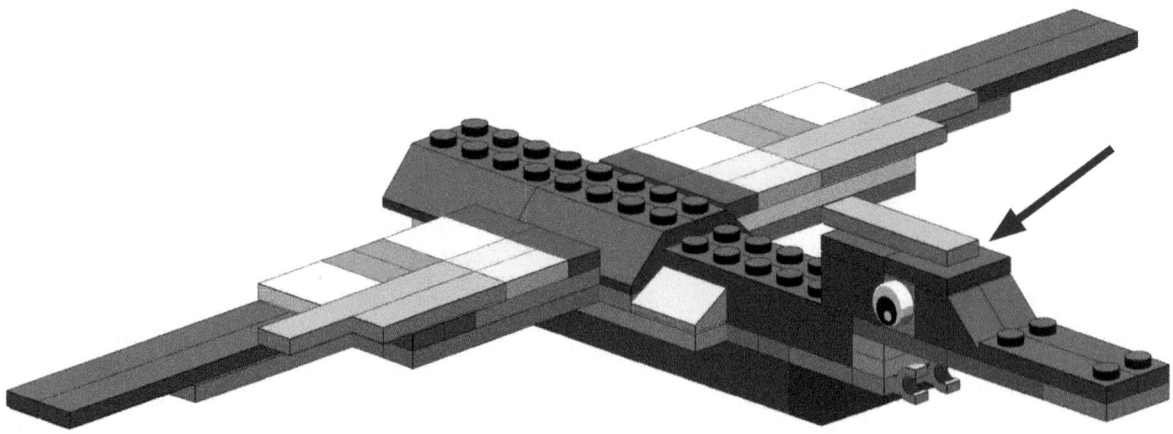

20

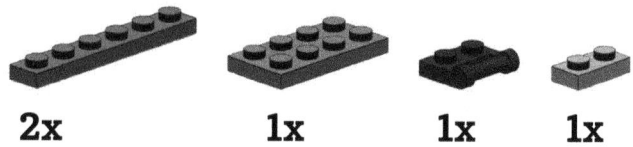

21

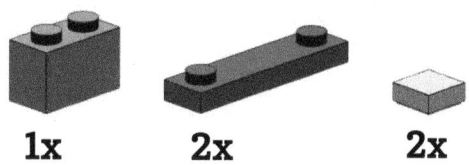

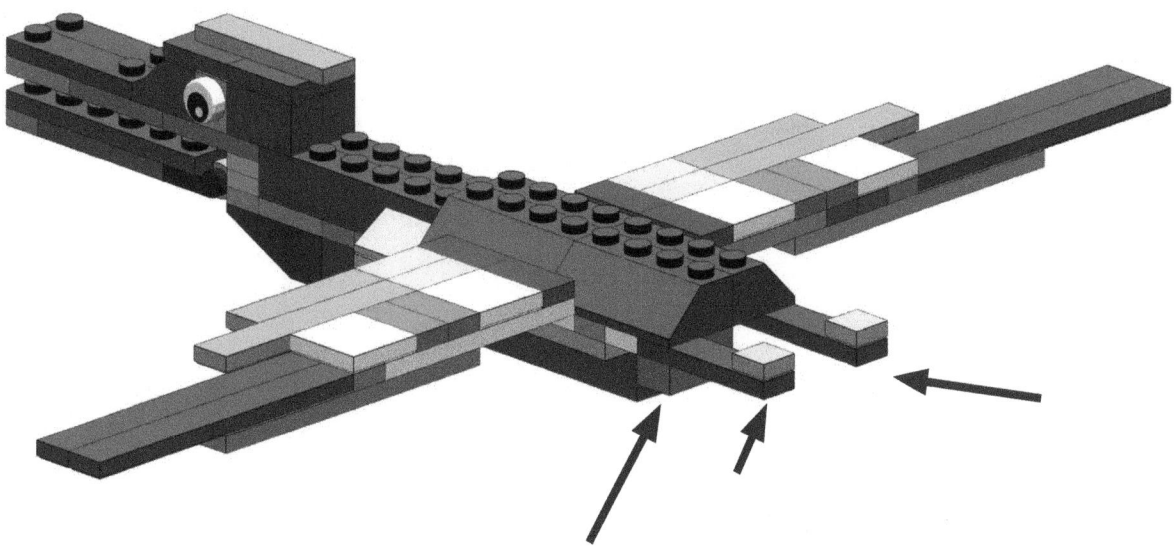

Exploring the River

Velociraptor
Iguanodon

Build a Diplodocus

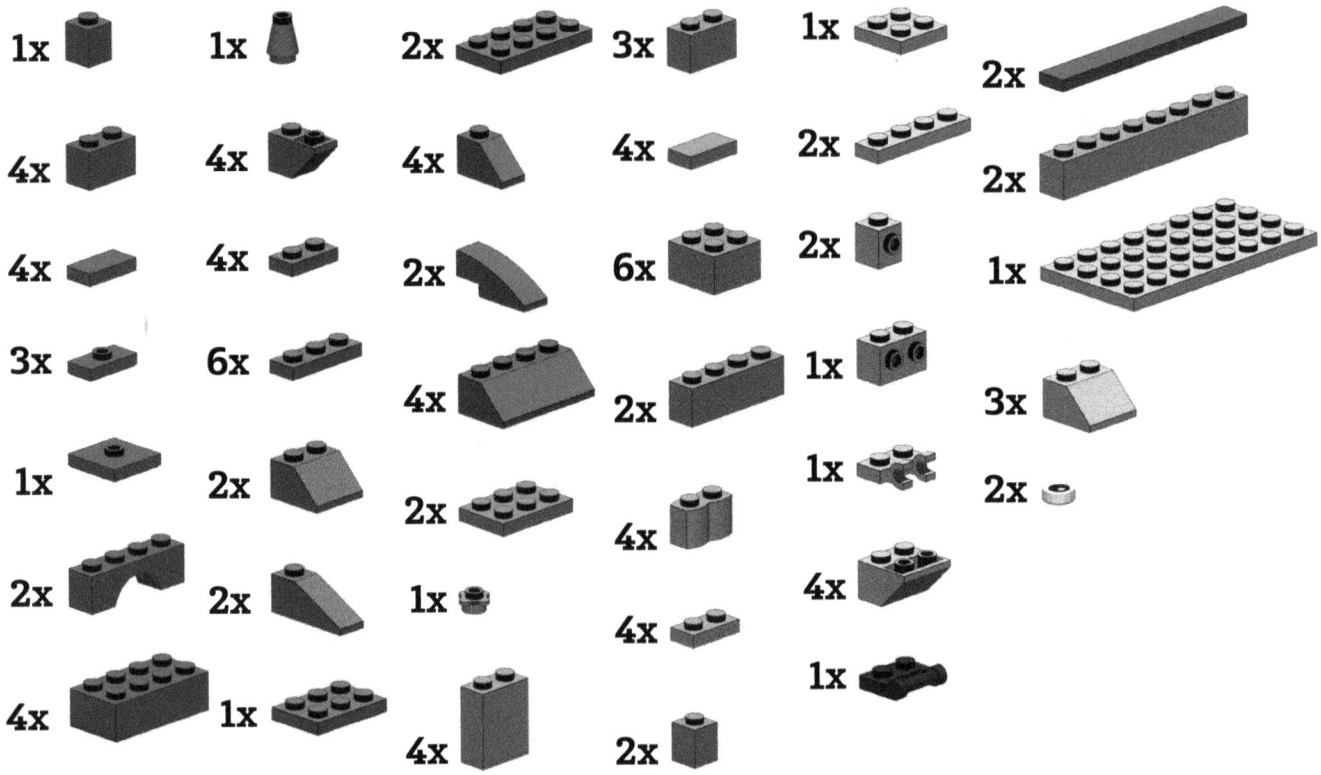

1

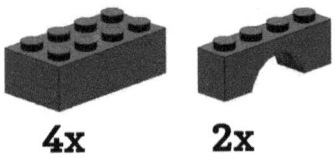

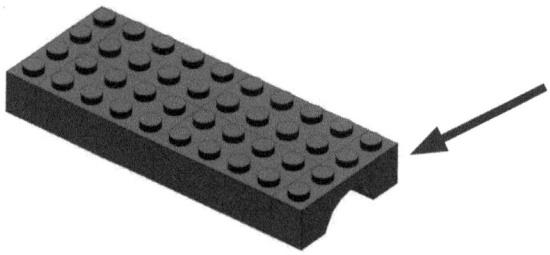

2

1x 2x

3

2x 6x 2x

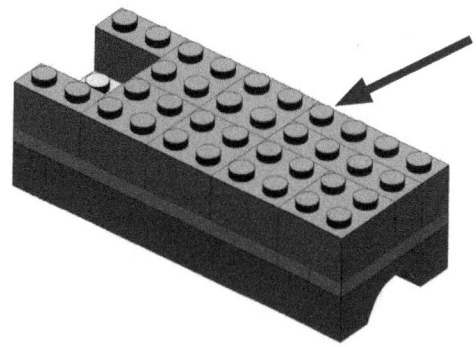

4

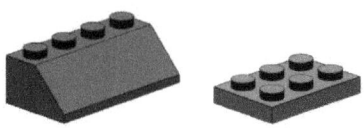

4x 1x

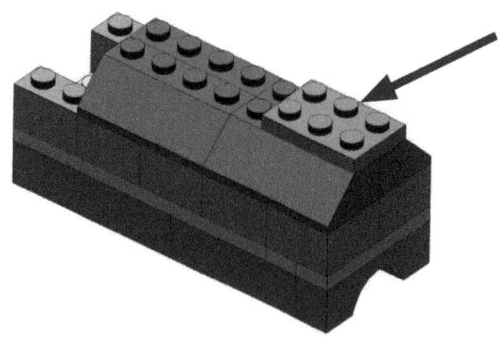

5

1x 2x

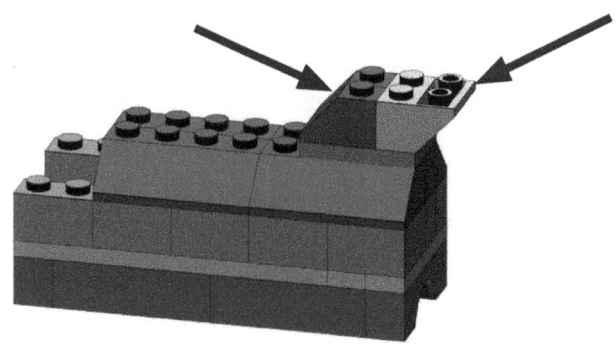

6

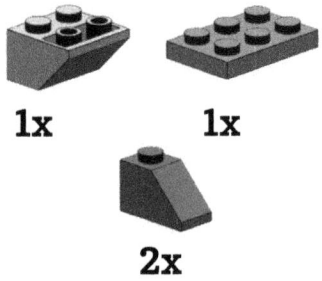

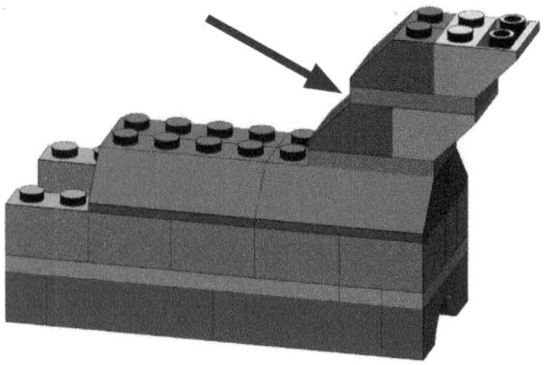

7

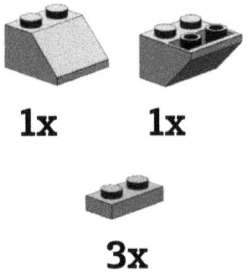

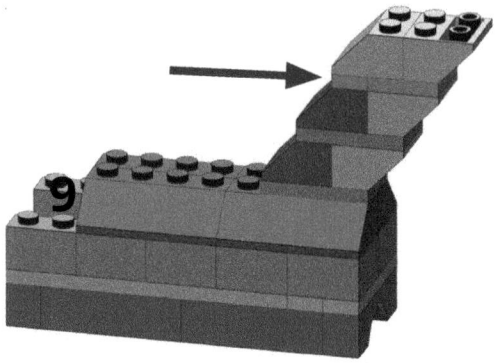

8

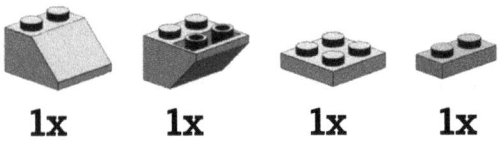

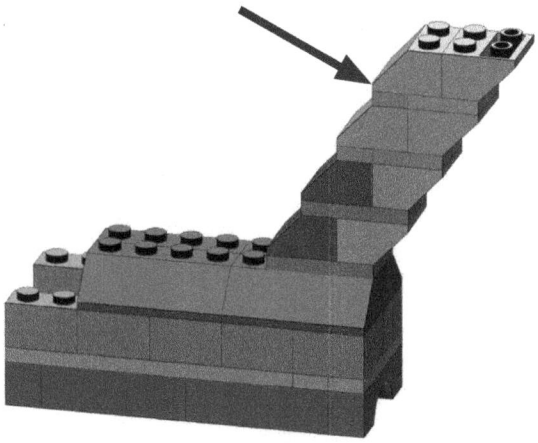

9

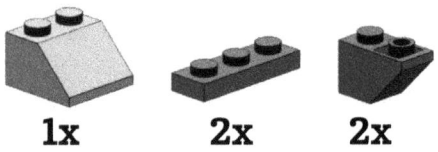

10

1x 2x 2x

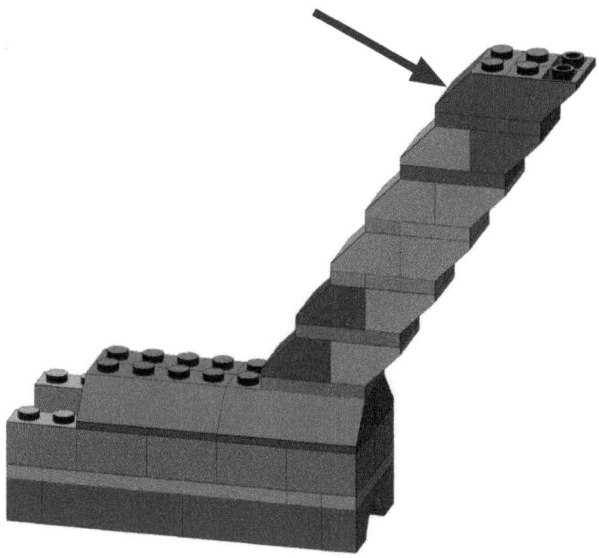

11

3x

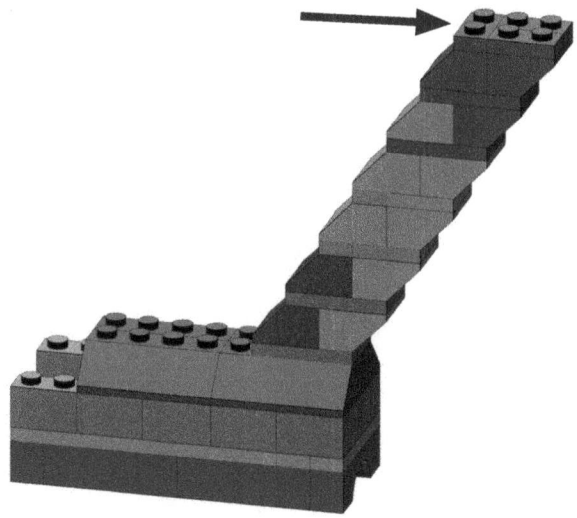

12

1x 1x 1x

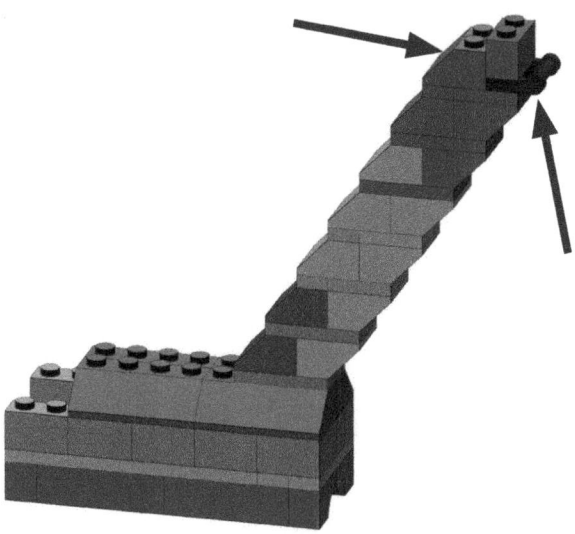

13

2x 1x

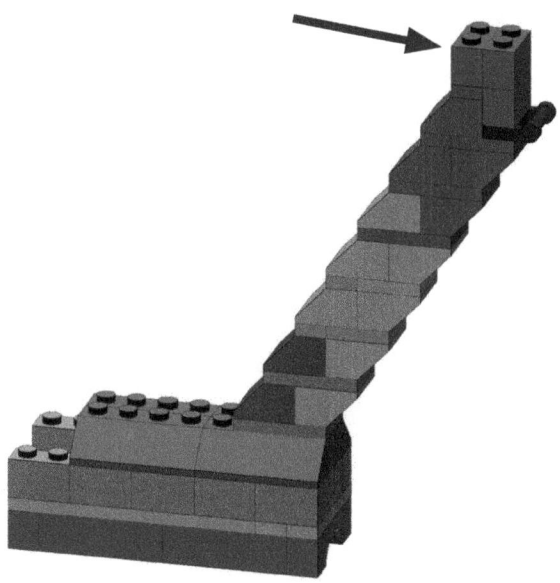

14

1x 1x 1x

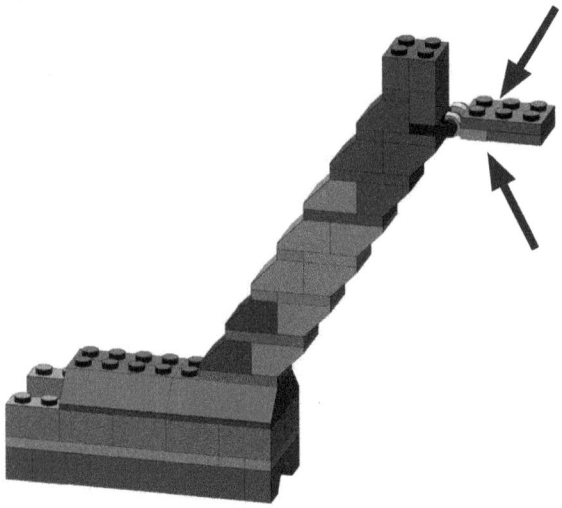

15

2x 2x 2x 2x

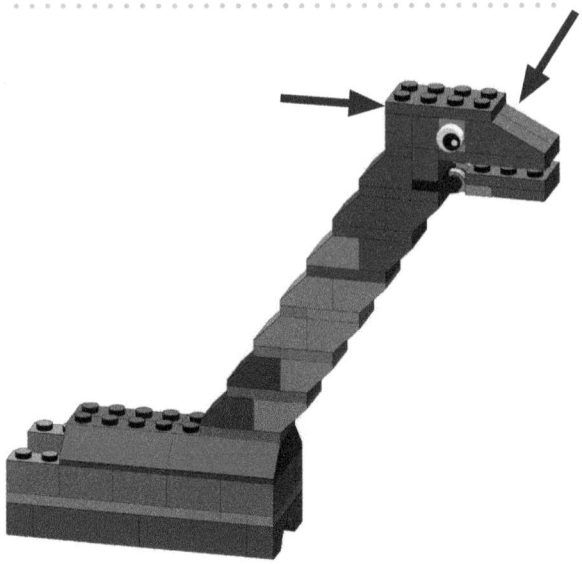

16

3x 2x 4x

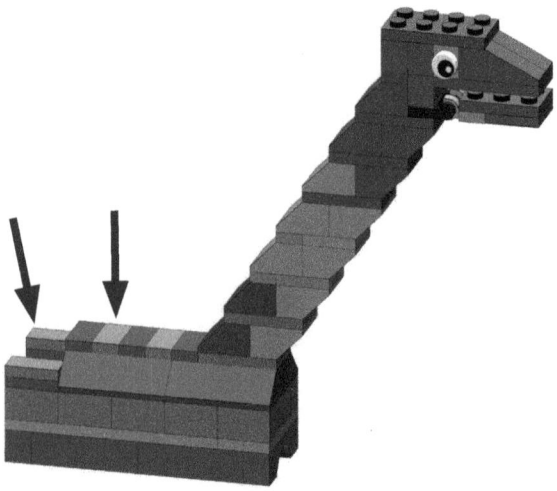

17

2x 2x

18

1x

19

2x

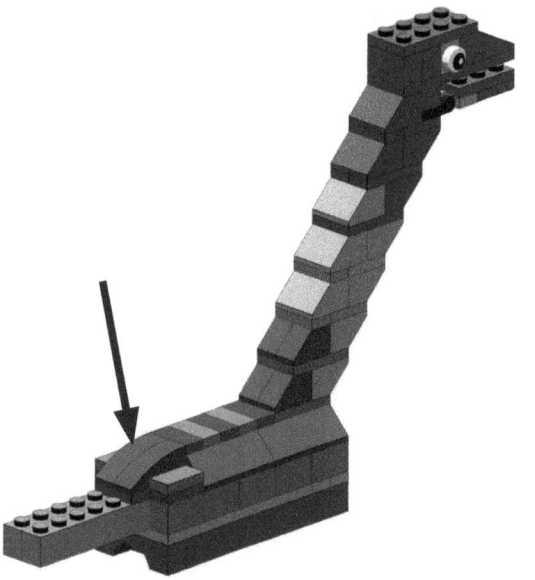

20

2x

1x

1x

1x

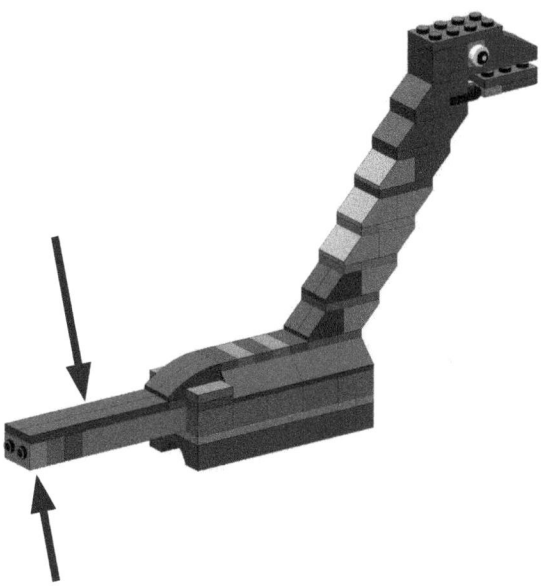

21

1x

1x

2x

1x

1x

22

4x 4x

Build a Velociraptor

1x 2x 2x 4x 2x 4x 4x

3x 5x 3x 2x 1x 4x

2x 3x 2x 1x 2x 4x 4x

2x 2x 2x 3x 2x 1x 2x 1x

4x 1x 1x 1x 4x 1x 2x

1

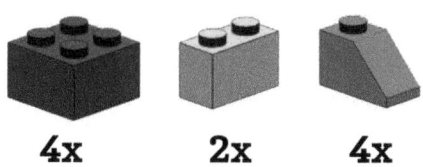

4x 2x 4x

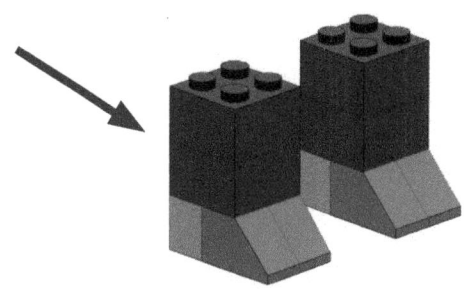

2

2x 2x

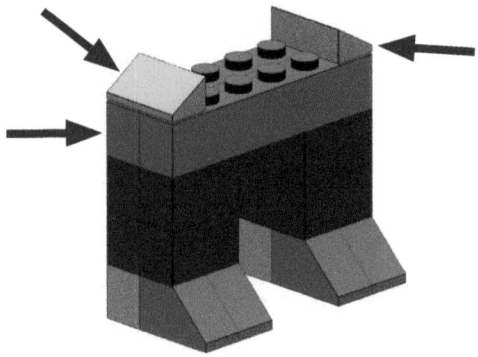

3

1x 1x 2x

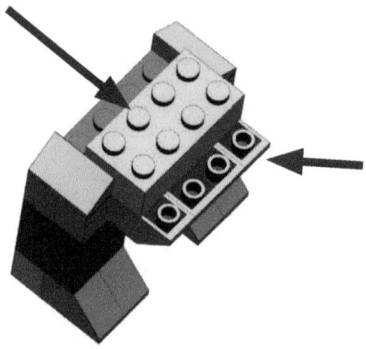

4

2x

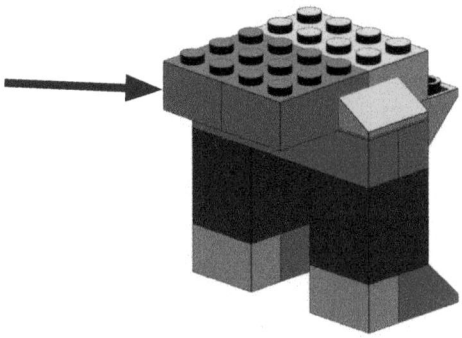

5

1x 2x

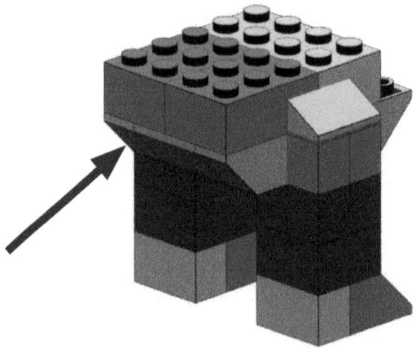

6

2x

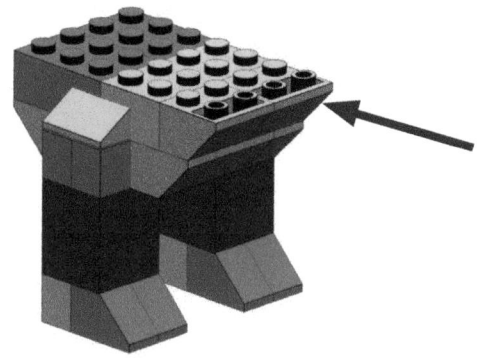

7

1x

2x

2x

8

2x

9

1x

1x

2x

10

2x 2x

11

1x 1x

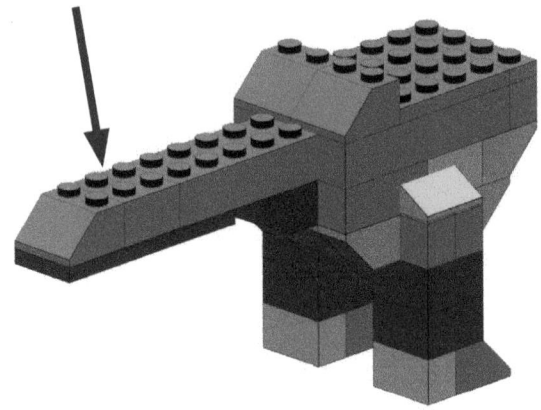

12

2x 1x

13

2x 1x

14

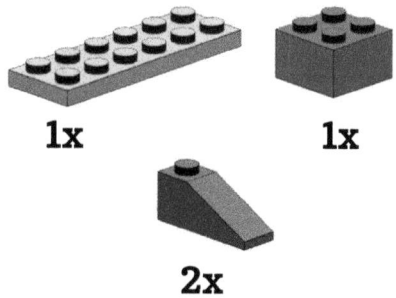

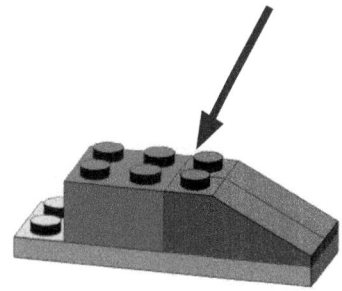

15

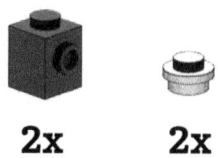

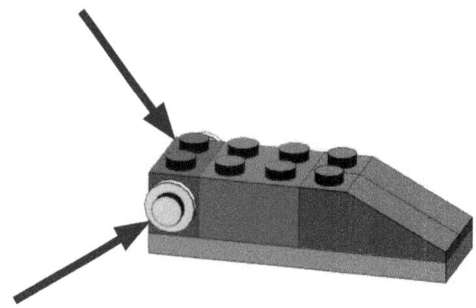

16

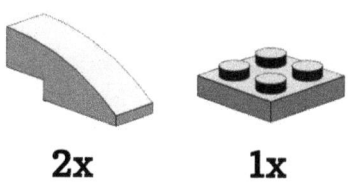

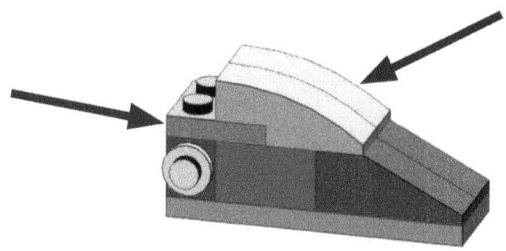

17

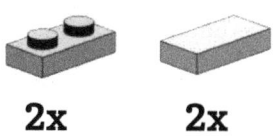

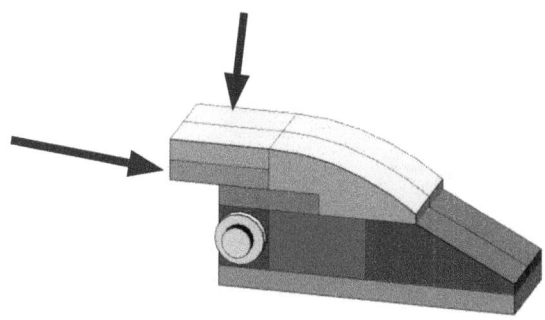

18

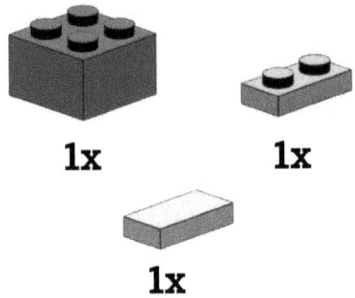

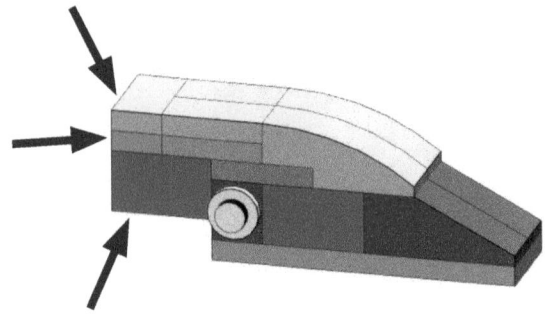

19

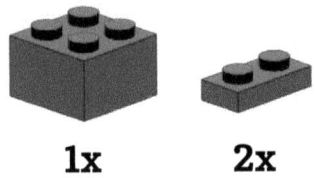

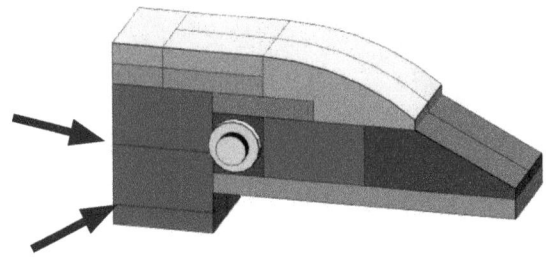

20

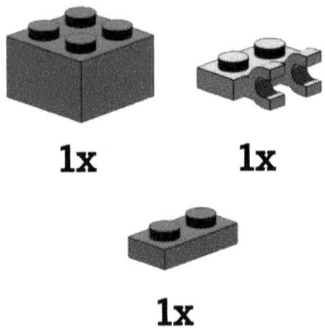

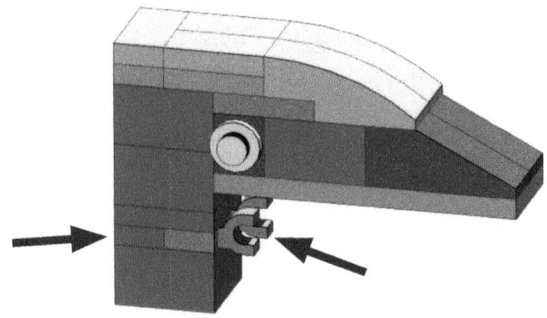

21

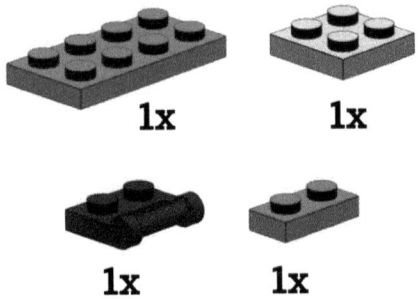

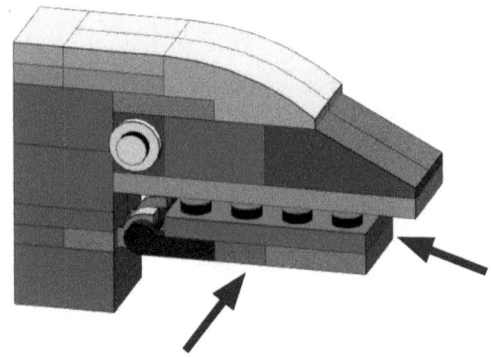

22

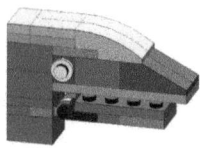

1x

1x

23

2x

2x

2x

Build an Iguanodon

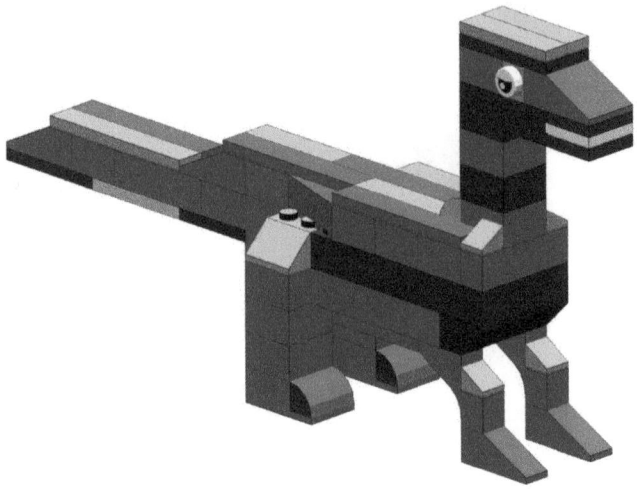

4x 1x 3x 2x 1x 2x

1x 1x 8x 2x 2x 3x

1x 3x 4x 2x 4x

4x 2x 1x 2x 2x 1x 2x 4x

1x 2x 1x 1x 2x

1

1x

2x

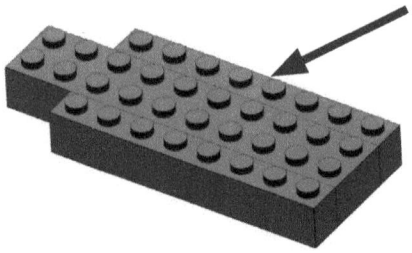

2

2x 2x

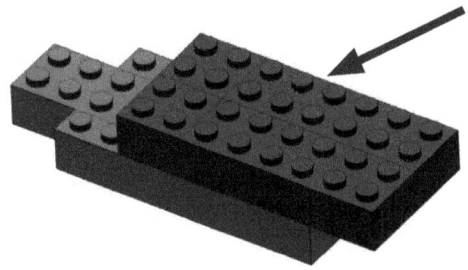

3

2x

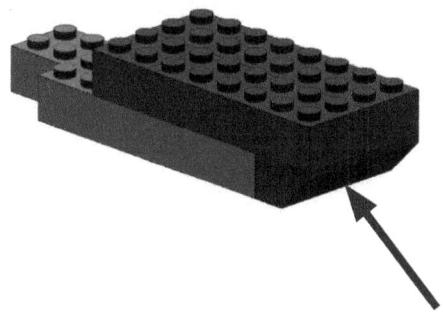

4

2x 2x

5

1x 1x 1x

1x 1x

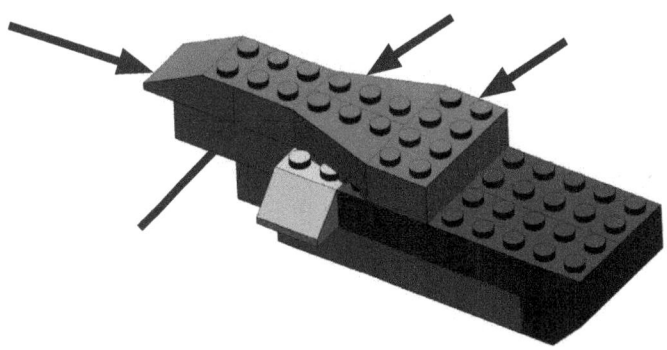

6

2x 1x

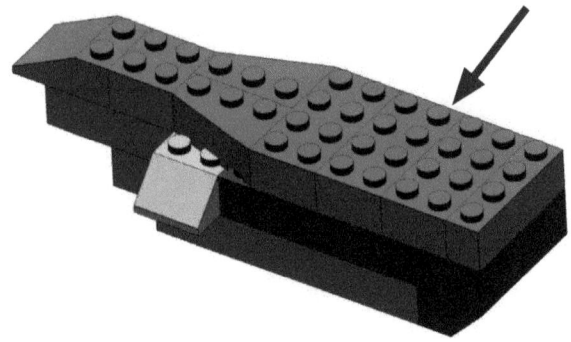

7

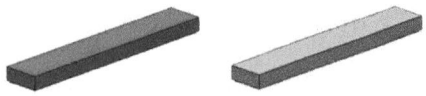

3x 1x

2x 2x

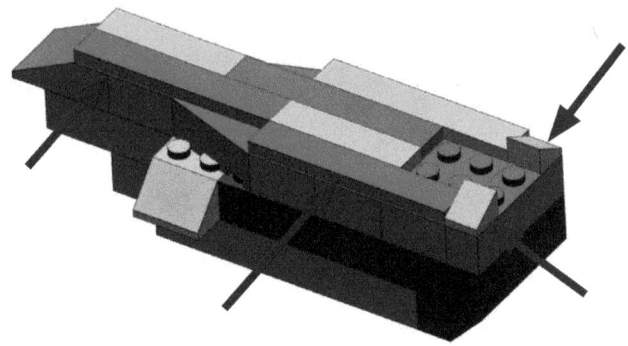

8

1x 2x 1x

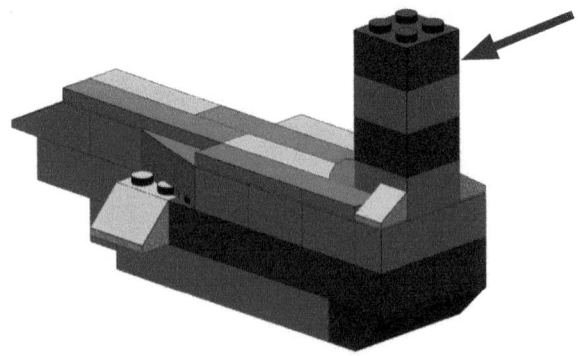

9

1x 1x

1x 1x

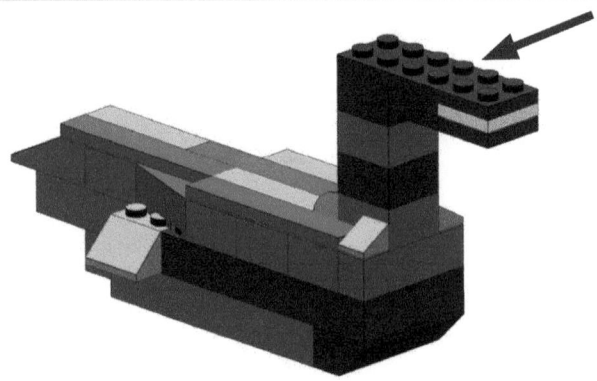

10

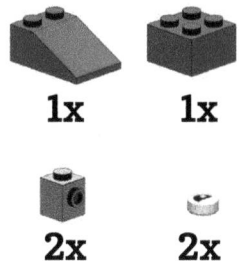

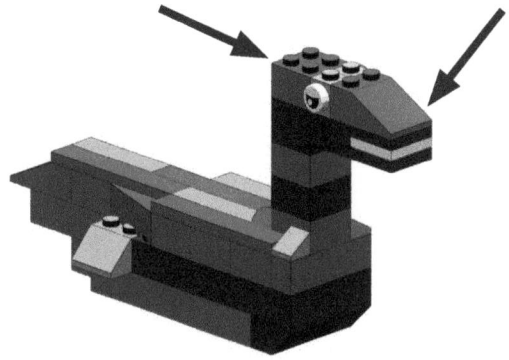

11

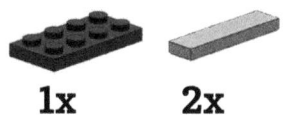

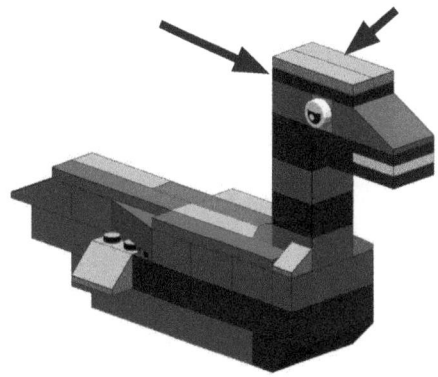

12

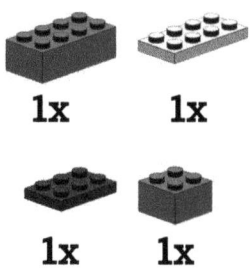

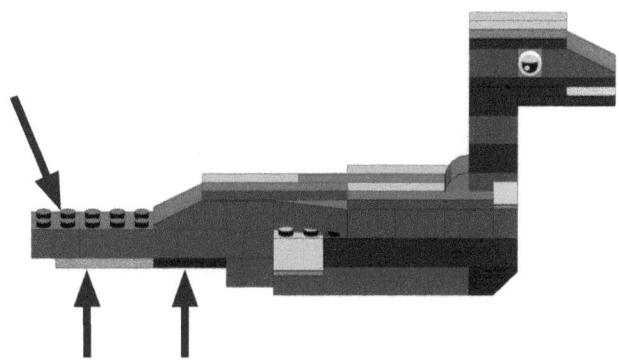

13

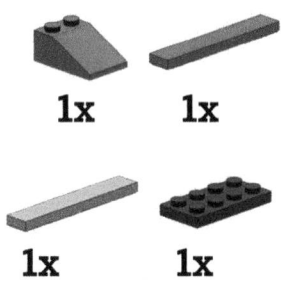

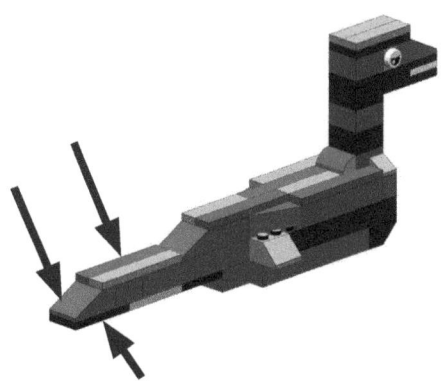

14

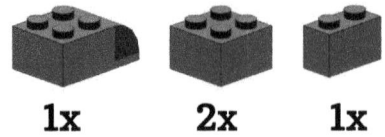

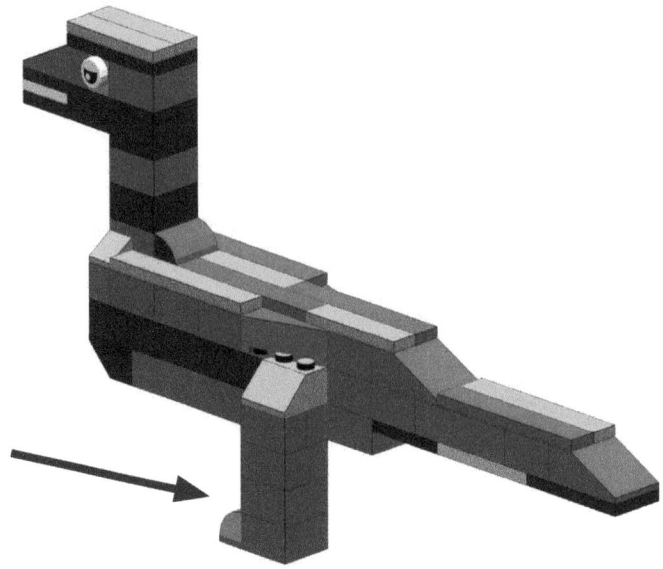

15

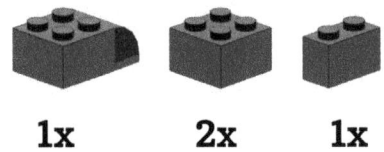

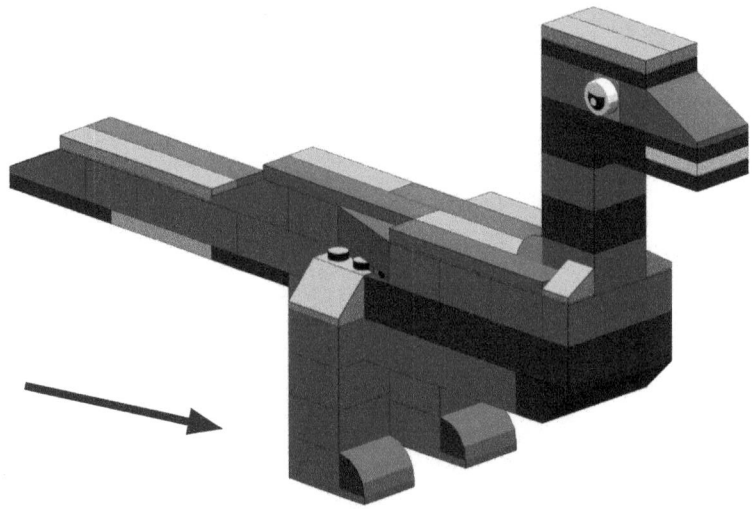

16

2x 1x

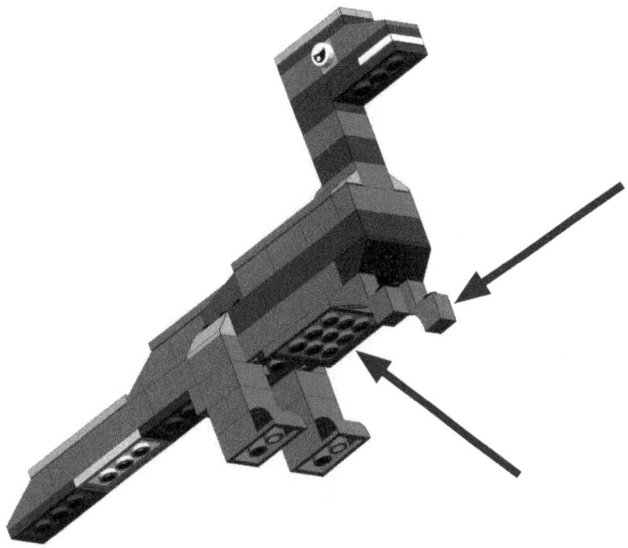

17

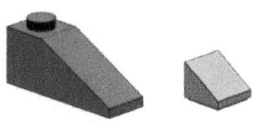

2x 2x

Tyrannosaurus Rex
Ankylosaurus

Volcano Run
Saltopus
Coelophysis

Build a Tyrannosaurus Rex

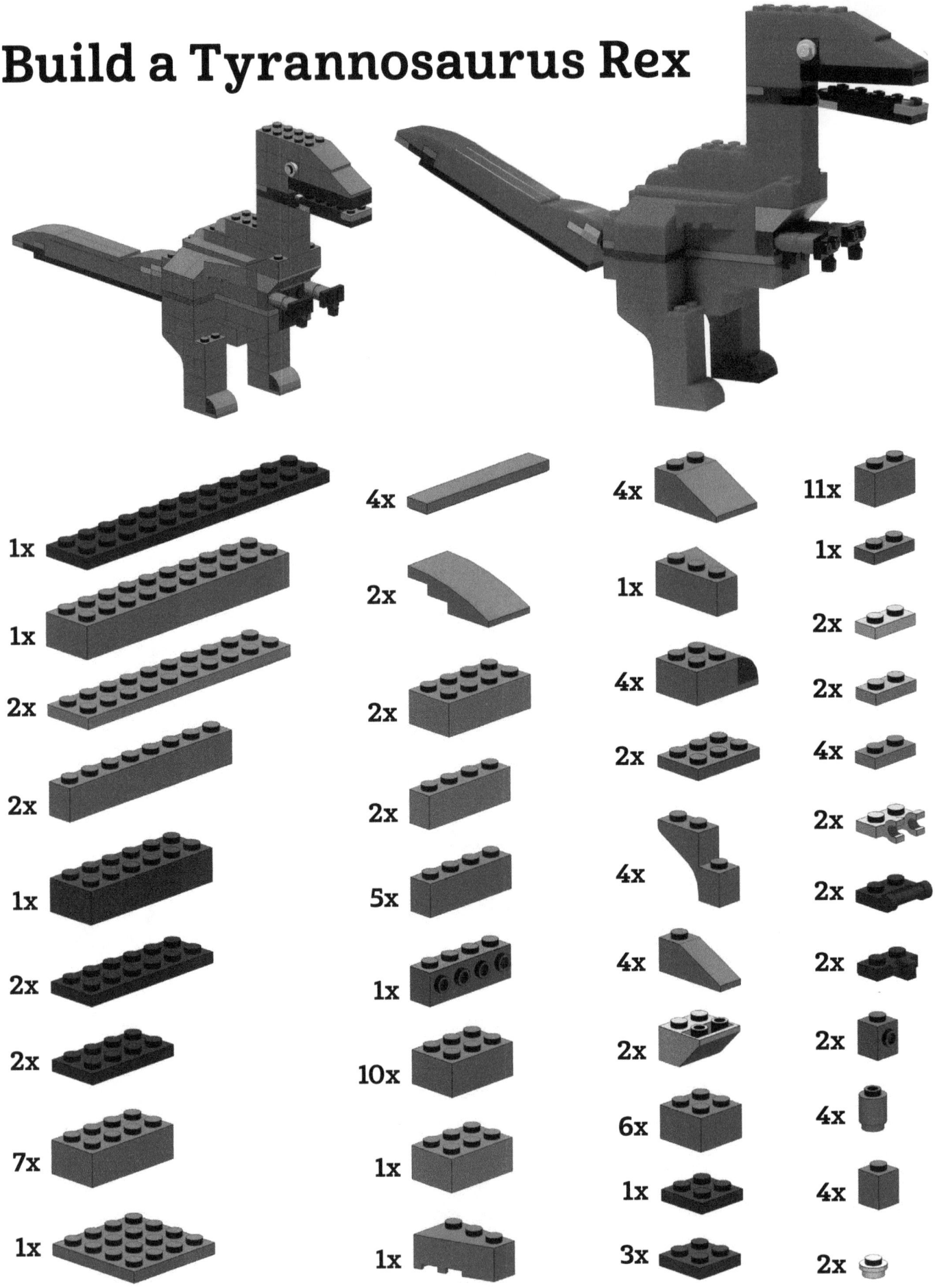

1

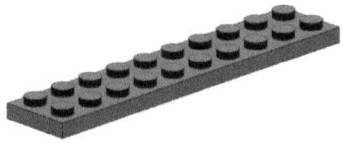

2x

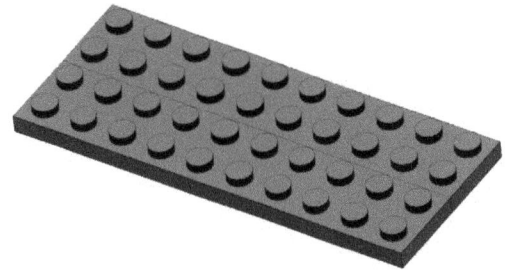

2

2x

1x

2x

3

2x

1x

4

1x

2x

2x

2x

5

6

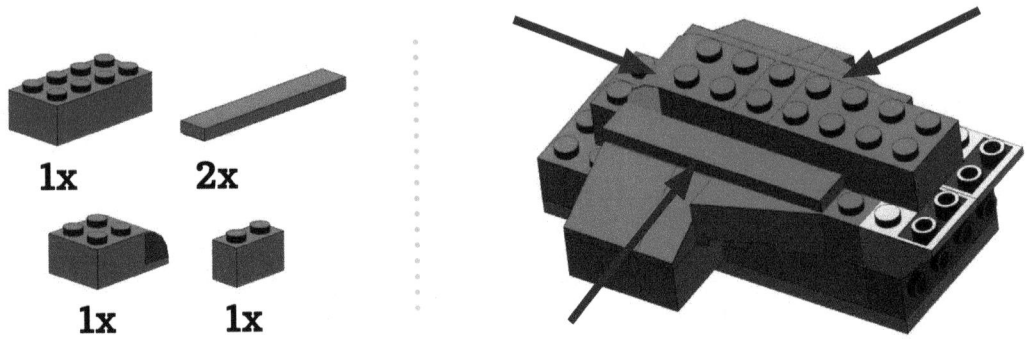

7

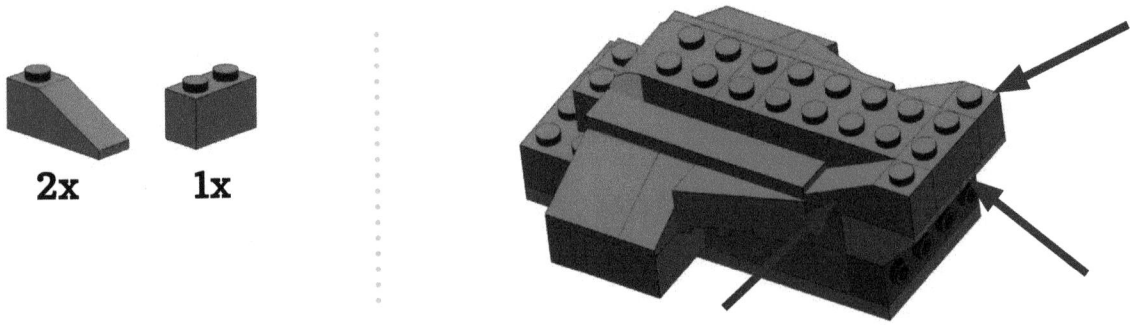

8

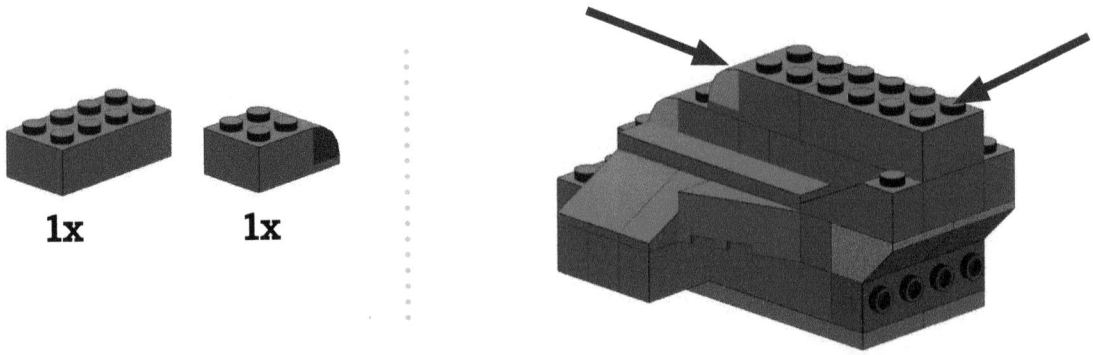

9

2x

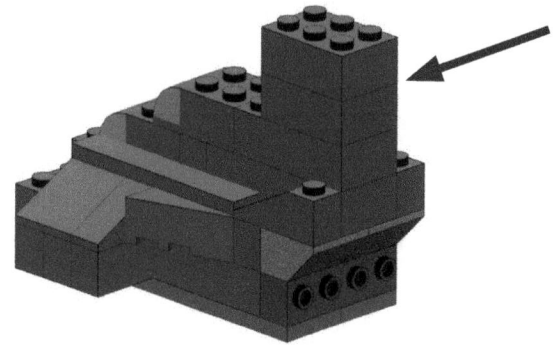

10

2x

1x

1x

2x

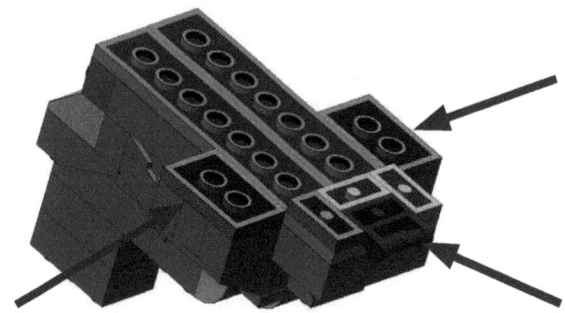

11

2x

2x

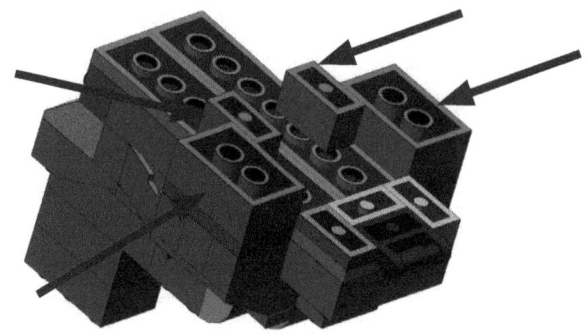

12

1x

1x

2x

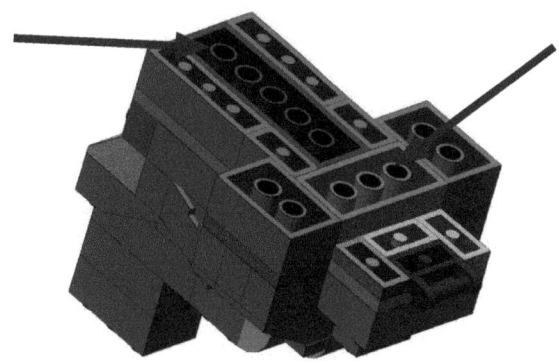

13

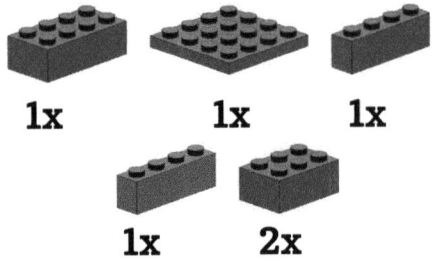

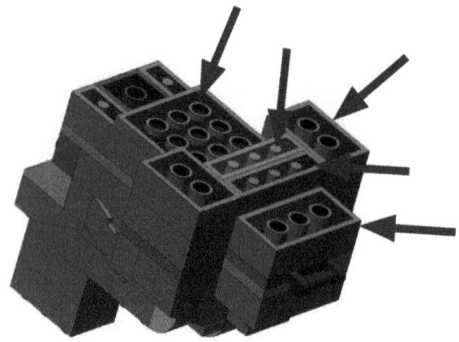

14

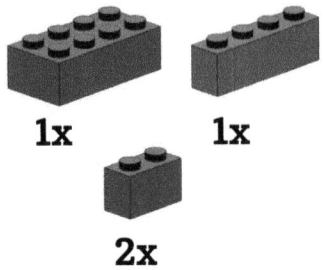

15

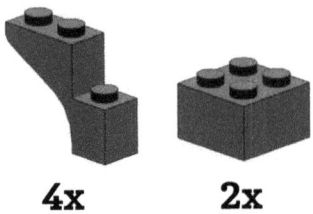

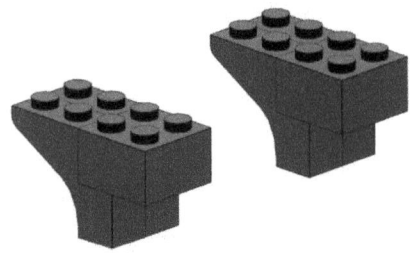

16

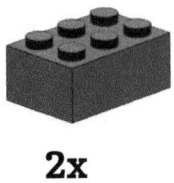

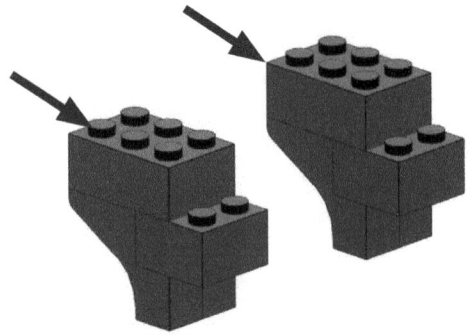

17

2x

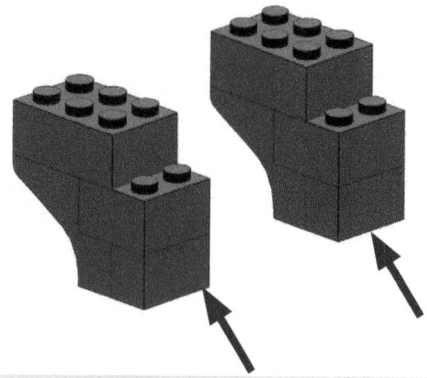

18

2x

2x

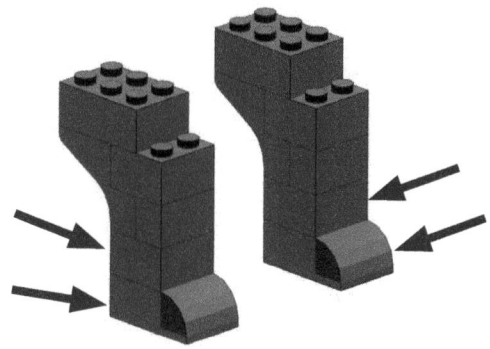

19

1x

1x

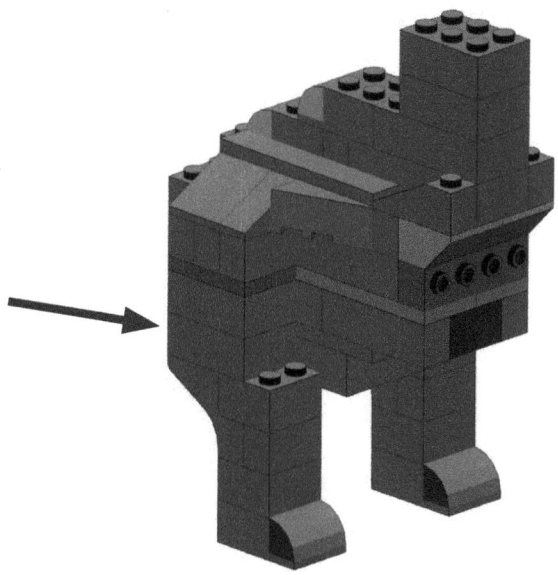

20

21

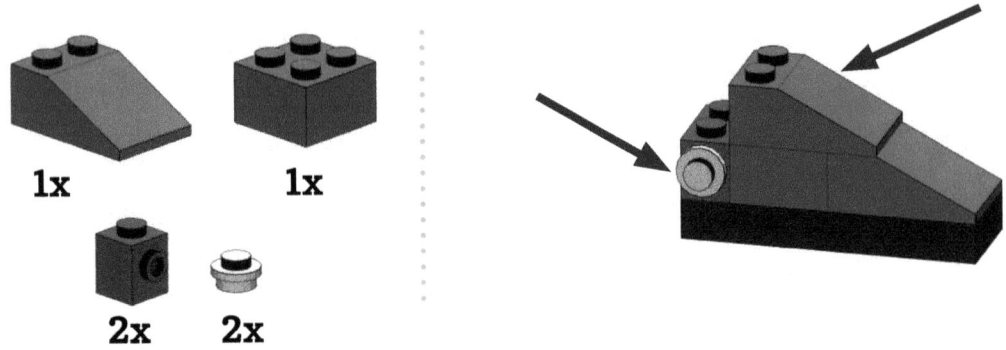

22

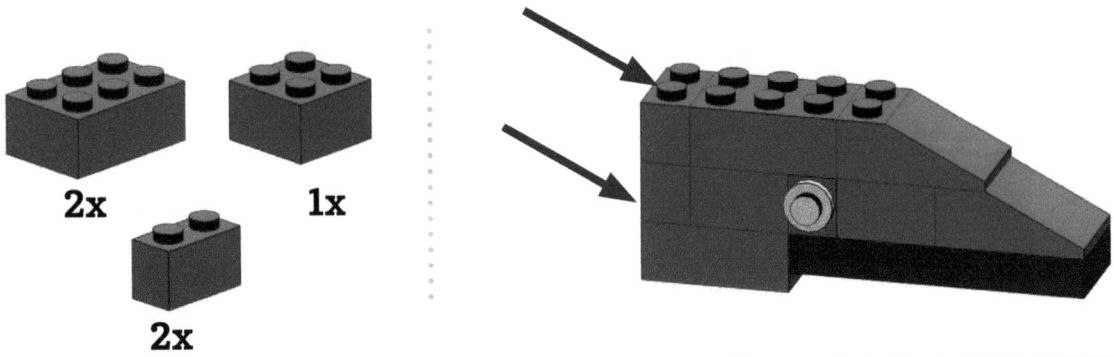

23

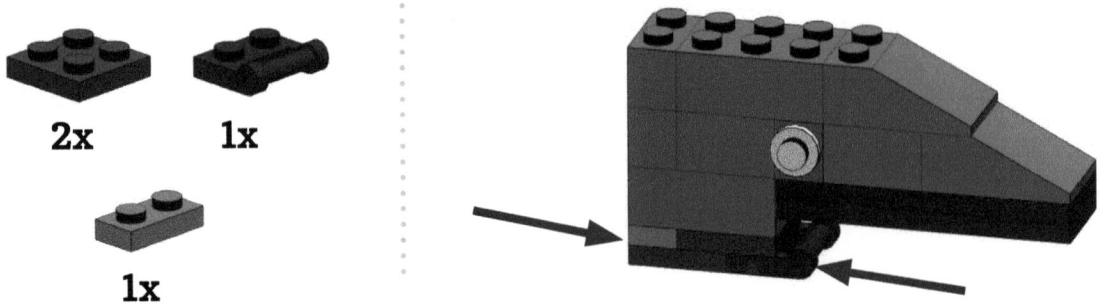

24

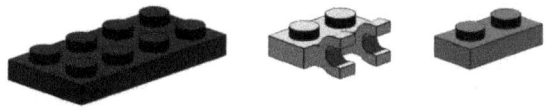

2x 1x 1x

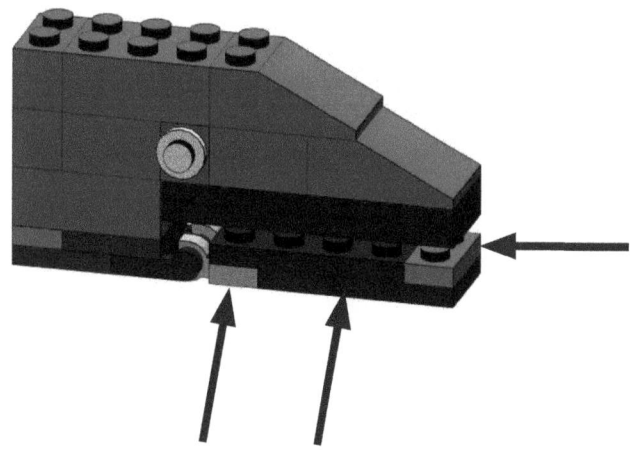

25

1x

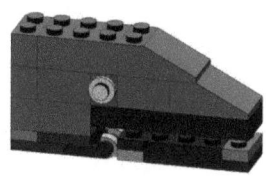

1x

26

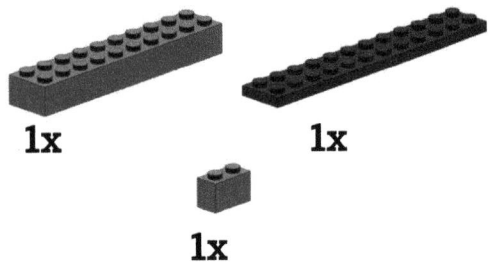

27

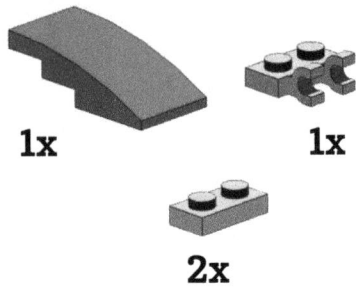

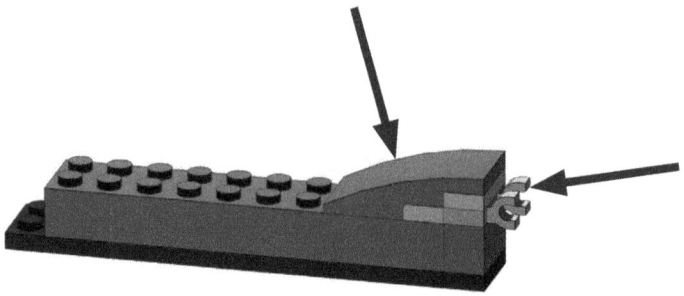

28

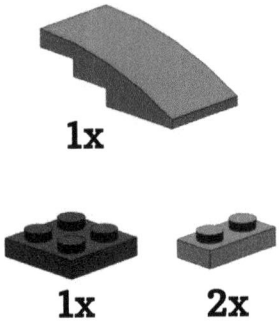

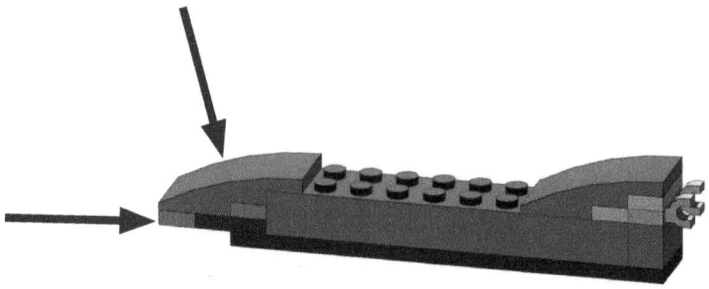

29

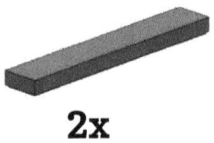

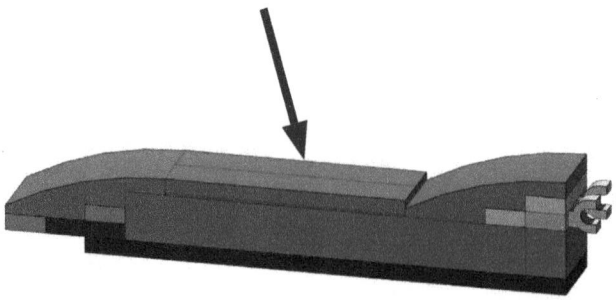

30

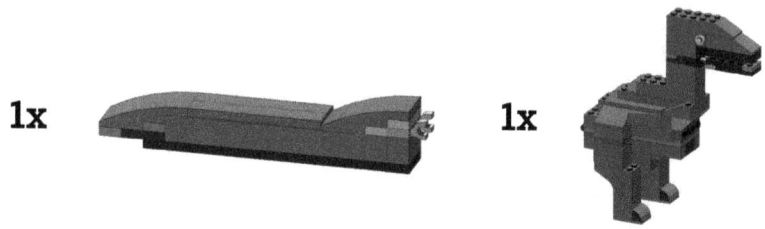

31

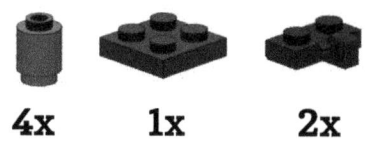

Build an Ankylosaurus

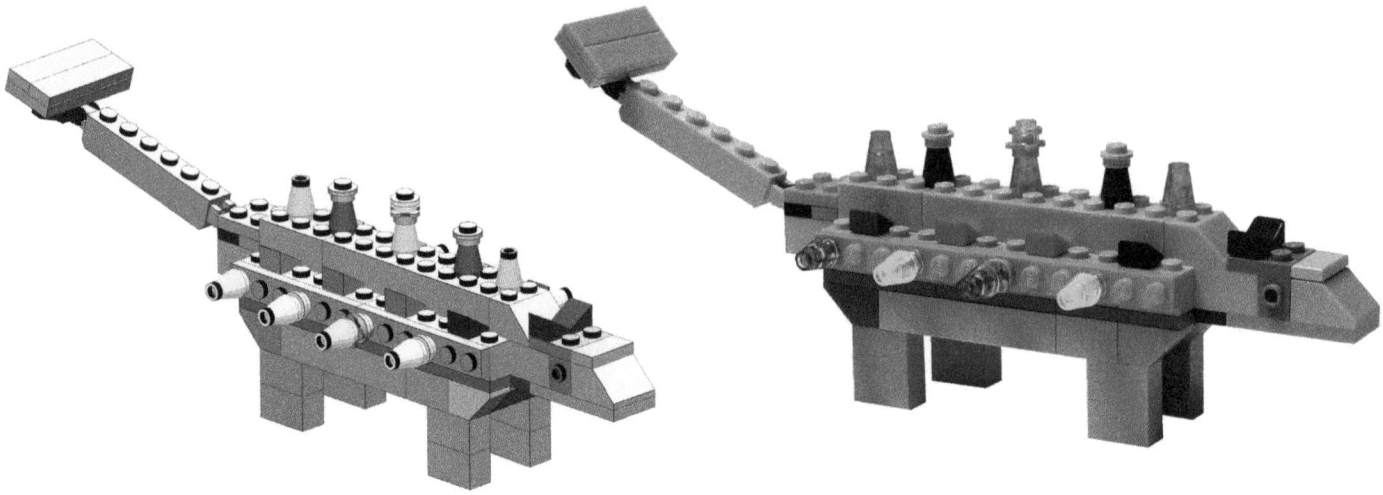

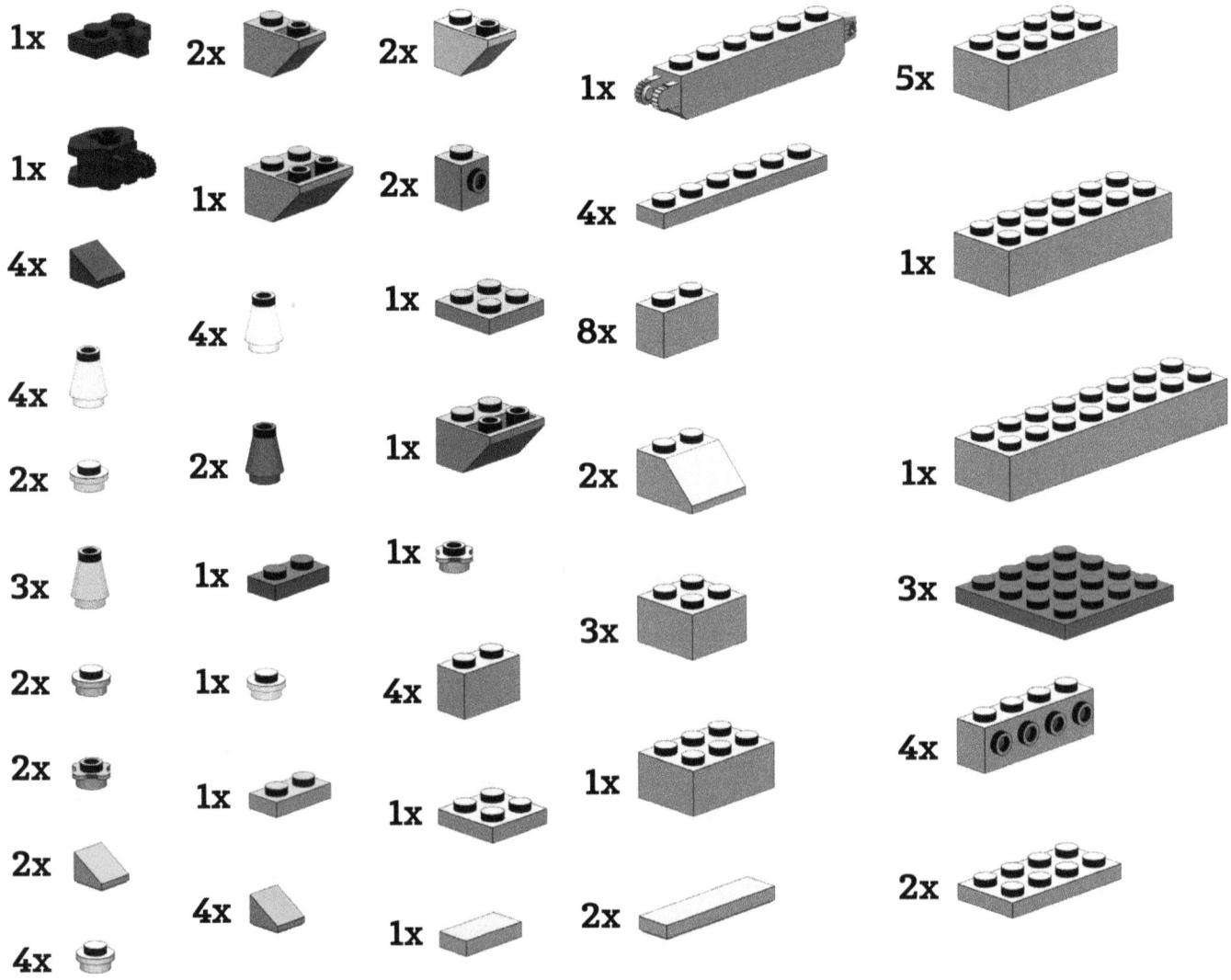

1

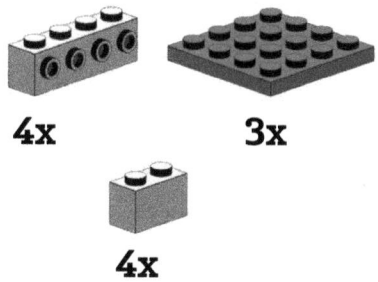

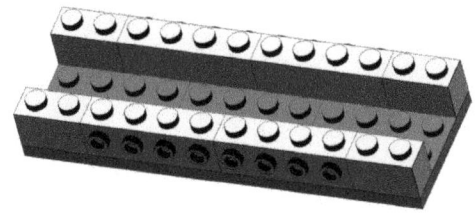

2

3

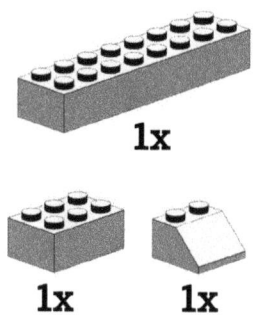

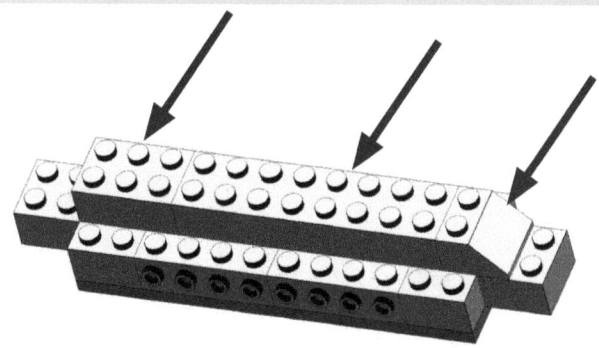

4

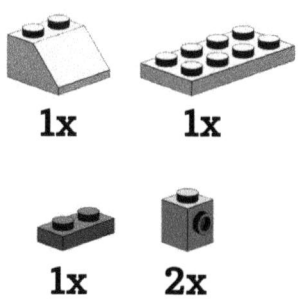

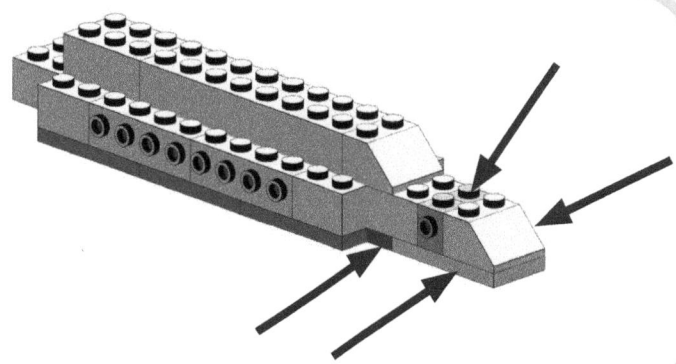

5

3x 2x 1x 2x

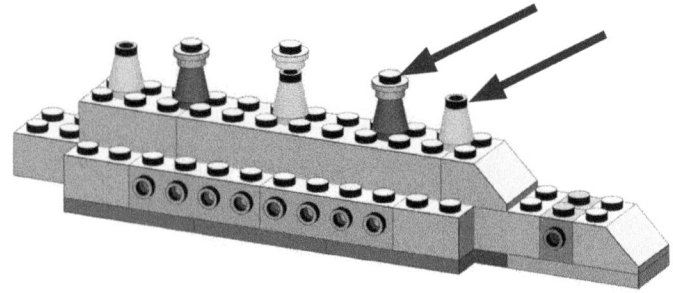

6

1x 1x

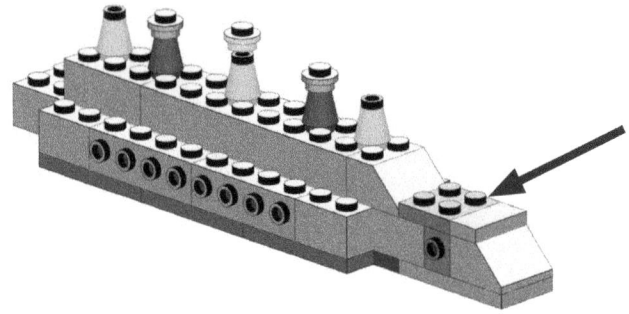

7

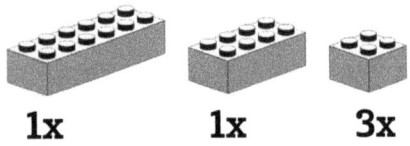

1x 1x 3x

1x 1x 2x 2x

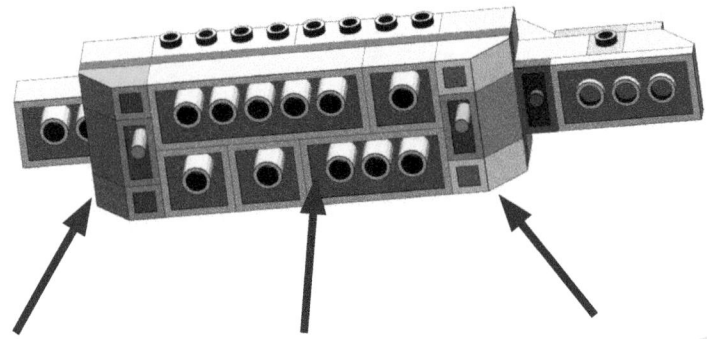

8

4x 4x

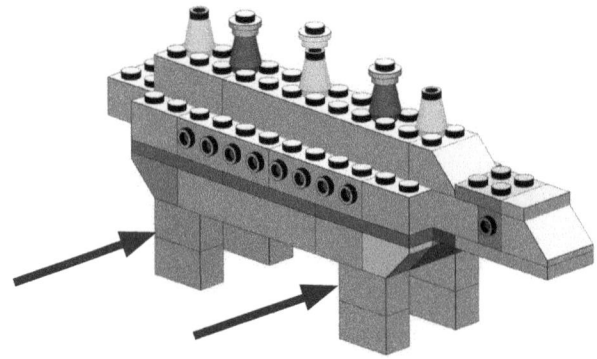

9

4x

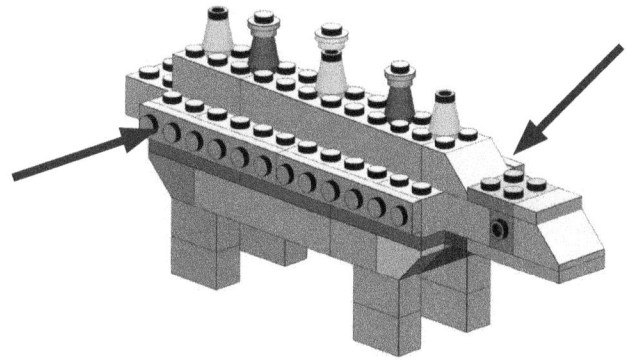

10

1x

1x

1x

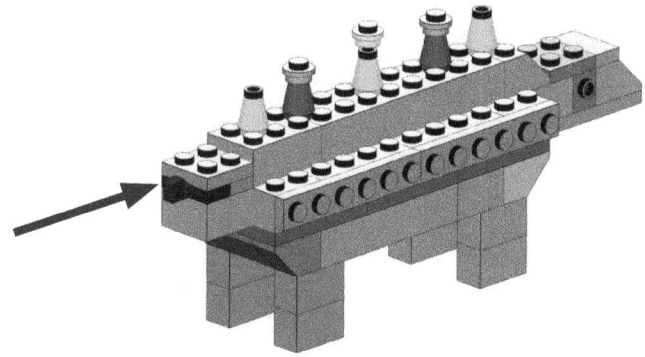

11

1x

1x

2x

1x

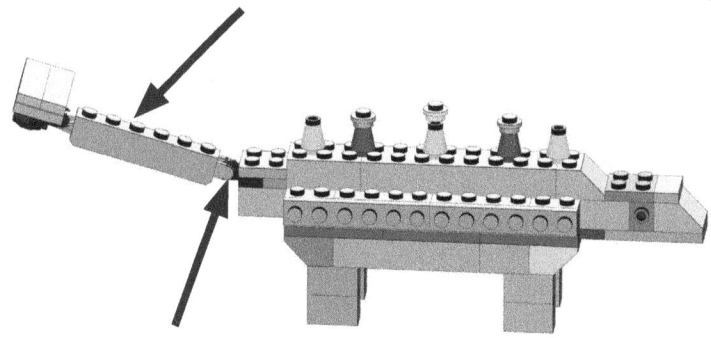

12

4x 4x 2x 4x

4x 2x 2x 4x 1x

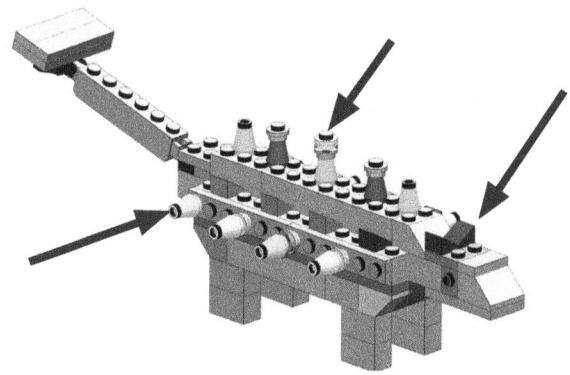

Build a Saltopus

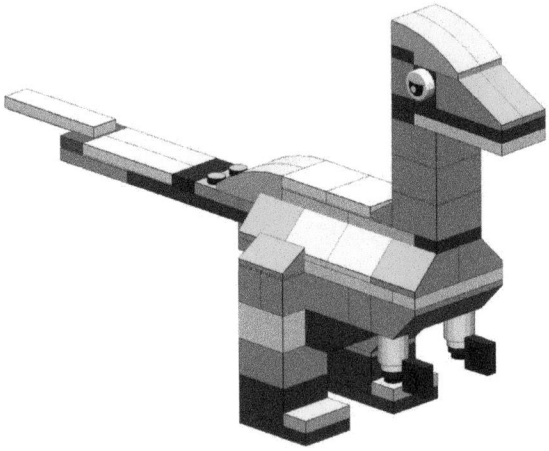

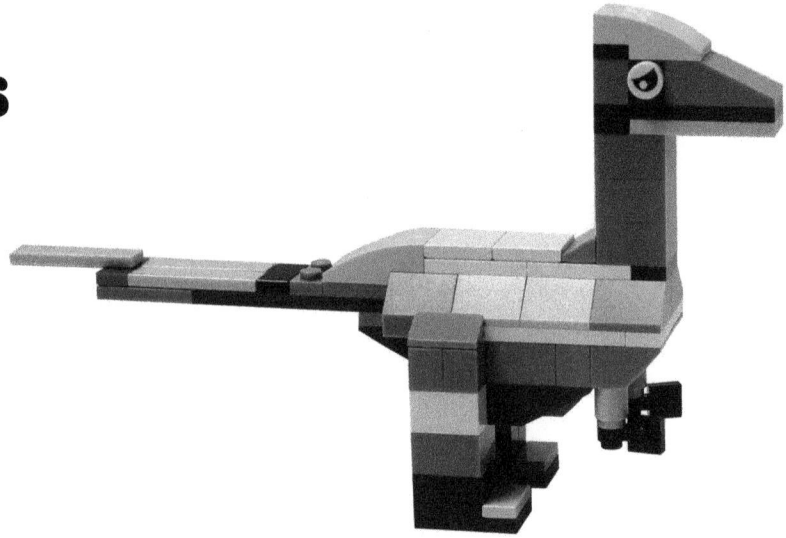

2x 1x 2x 4x 4x 4x 4x 1x

2x 3x 2x 2x 2x 2x 4x

4x 4x 5x 2x 2x 1x 1x

1x 3x 1x 1x 2x 1x 2x

1x 1x 2x 2x 2x 4x 4x

1

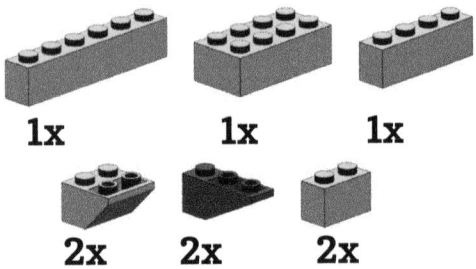

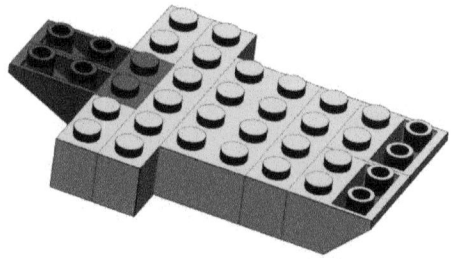

2

1x

3

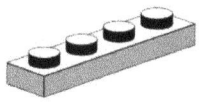

1x

2x

4

4x

4x

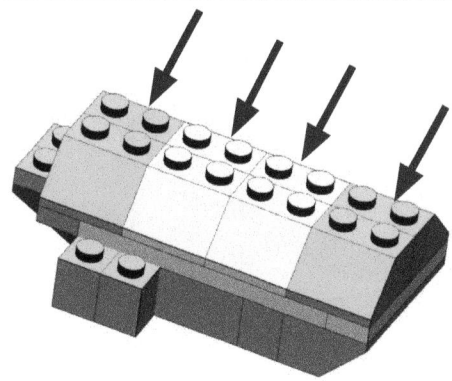

5

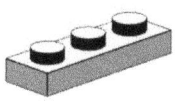

4x

1x

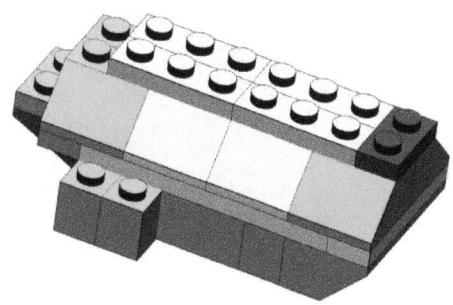

6

1x

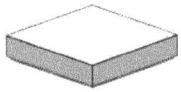

2x

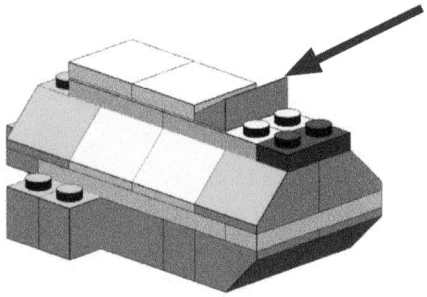

7

3x

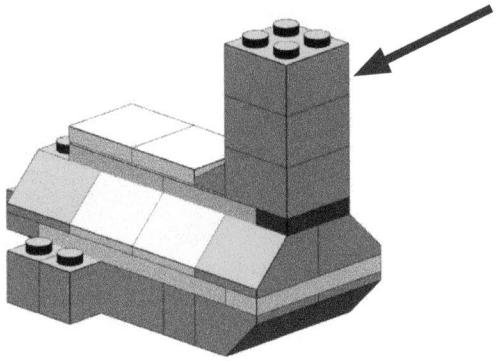

8

1x

1x

2x

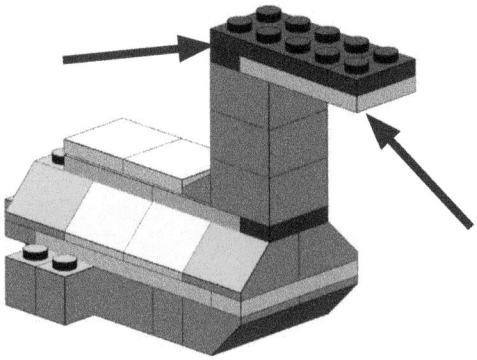

9

2x

1x

2x

2x

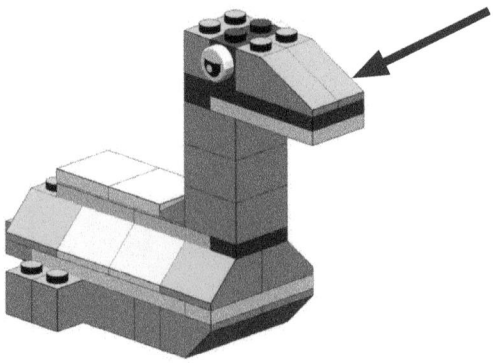

10

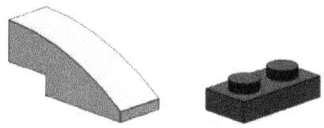

2x 1x

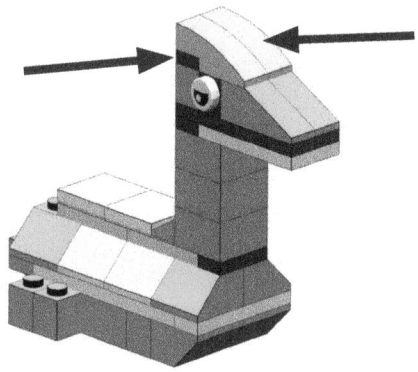

11

1x 2x 2x

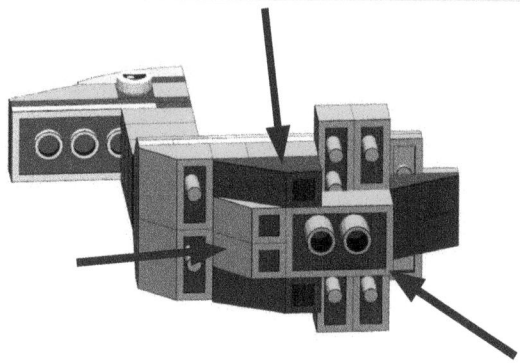

12

2x 1x

13

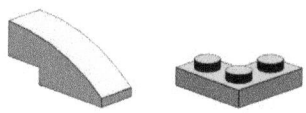

2x 1x

14

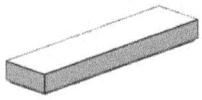

2x

1x

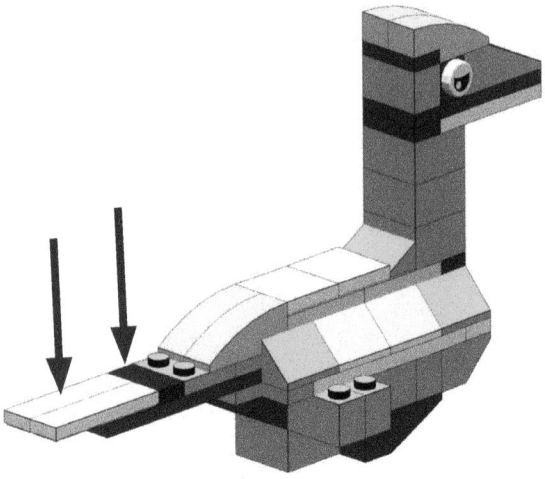

15

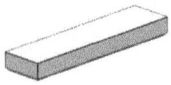

1x

2x

1x

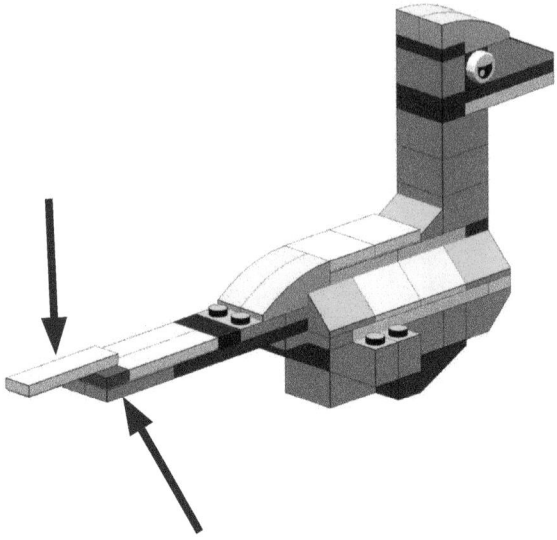

16

1x

1x

2x

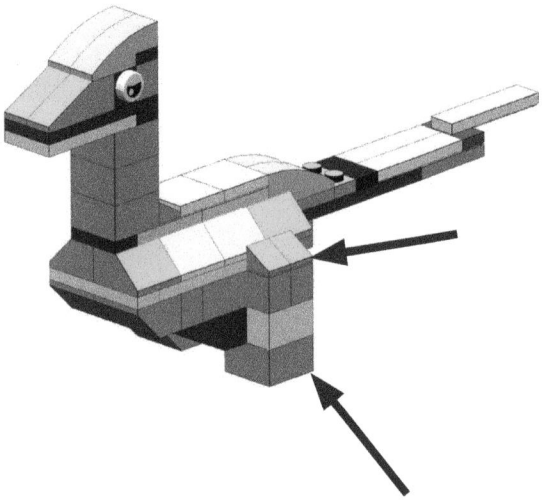

17

2x

2x

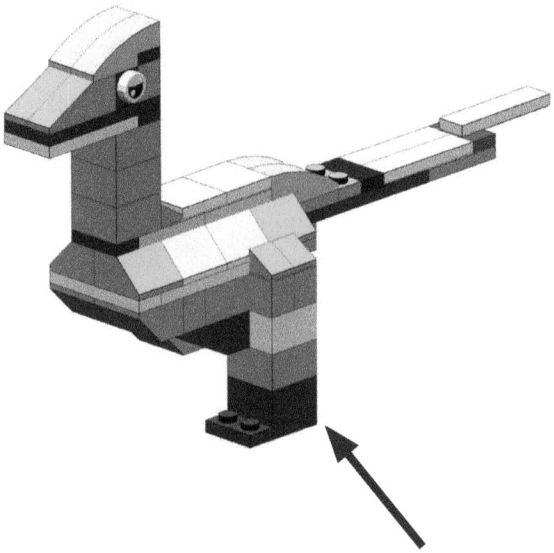

18

1x 1x 1x

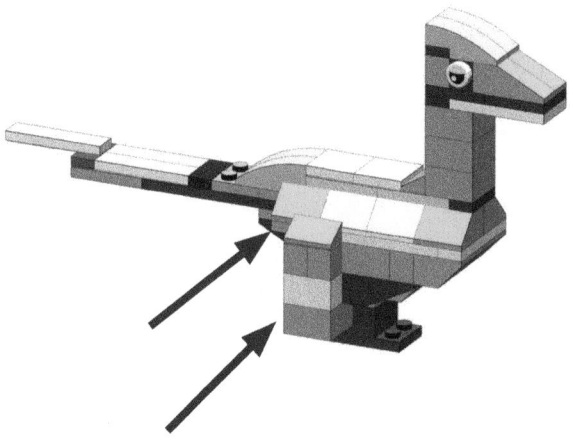

19

2x 2x

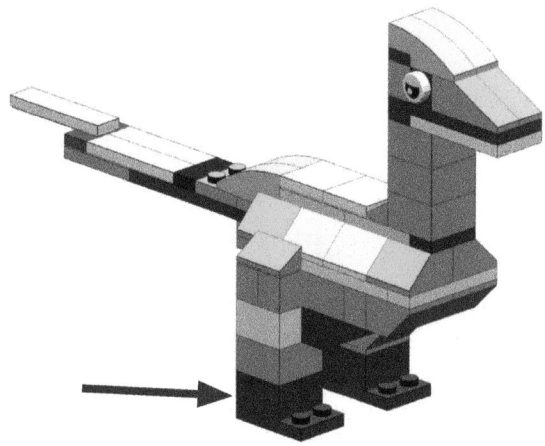

20

2x

21

2x 2x

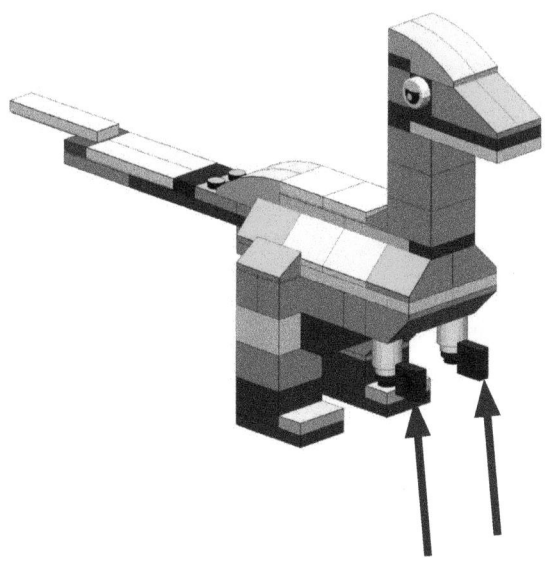

Build a Coelophysis

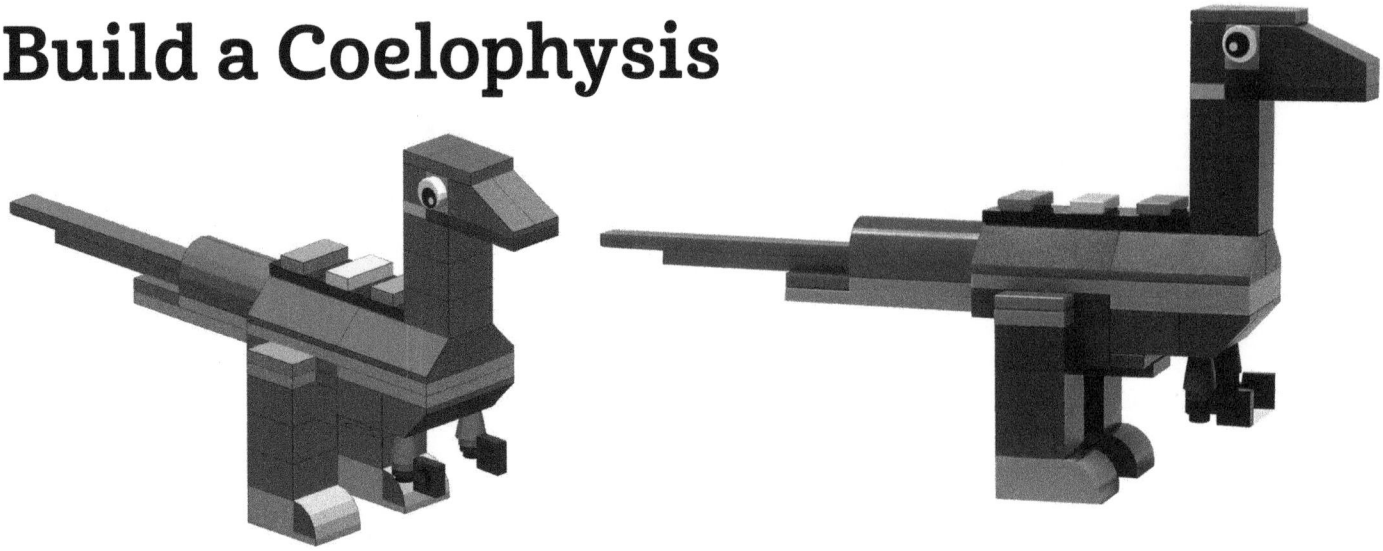

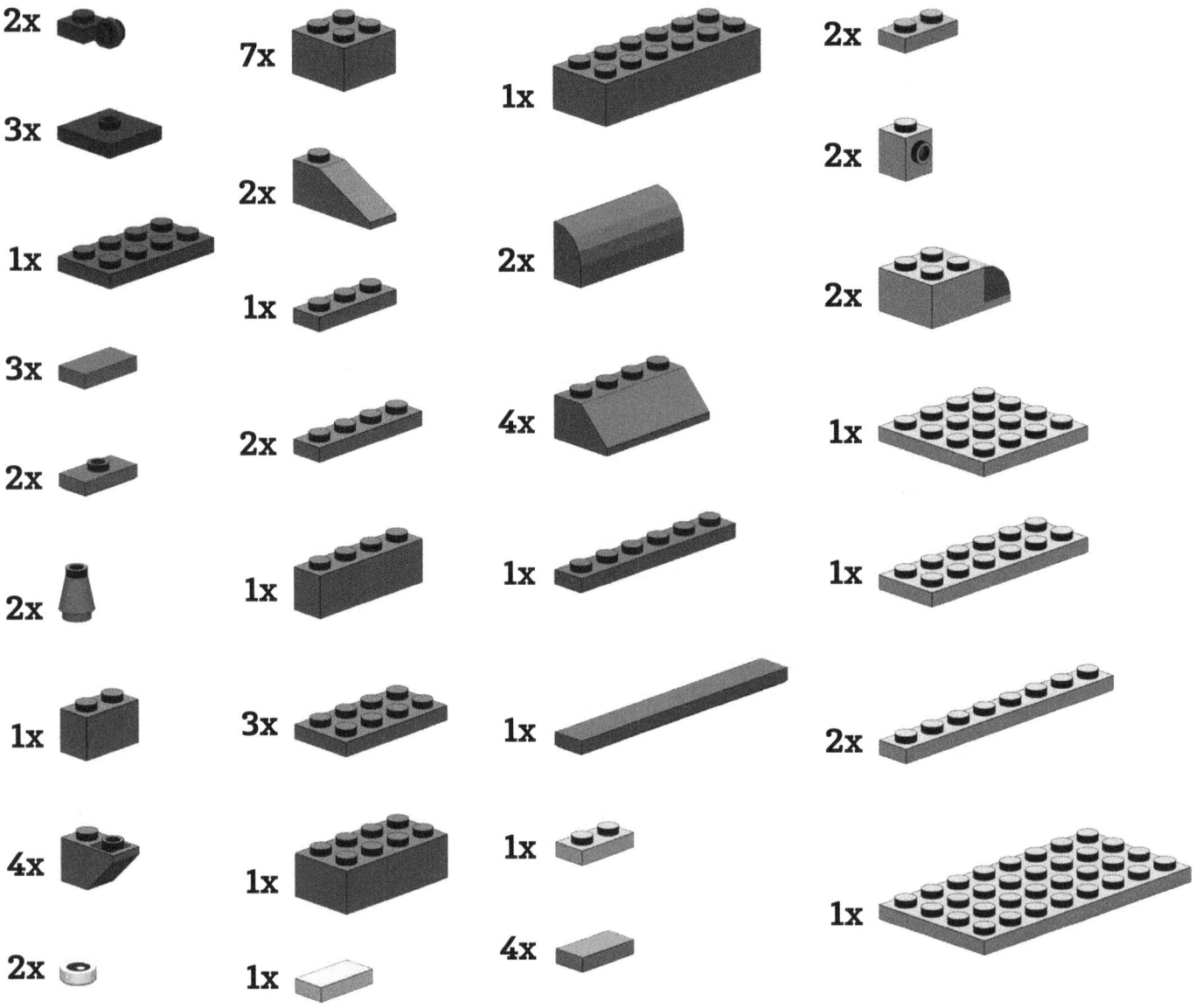

1

1x

4x

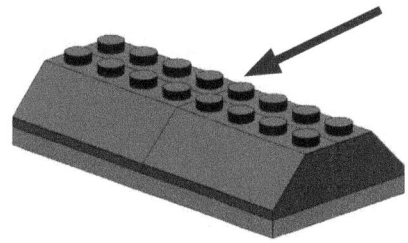

2

3x

1x

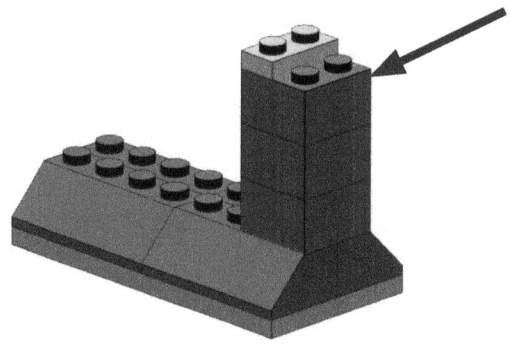

3

1x

1x

2x

2x

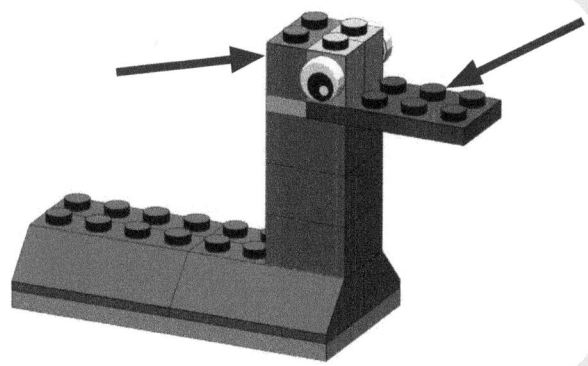

4

2x

3x

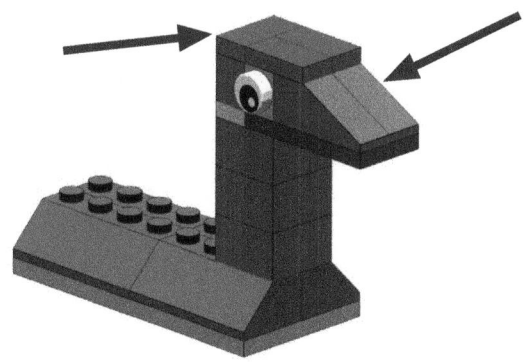

5

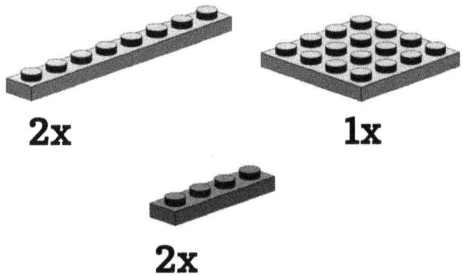

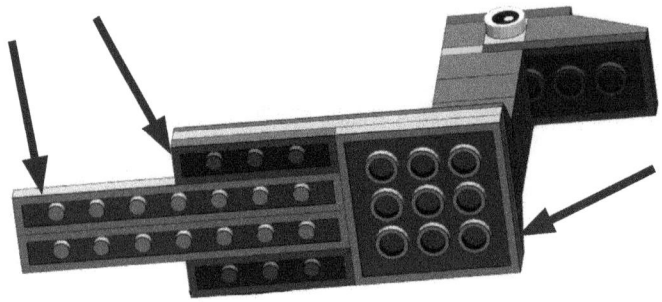

6

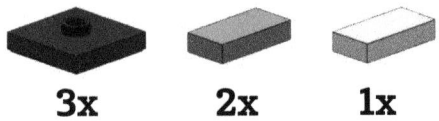

7

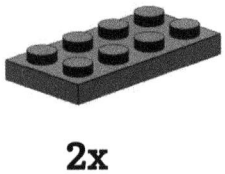

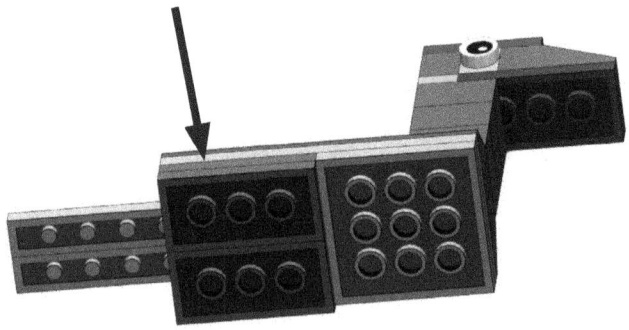

8

9

2x

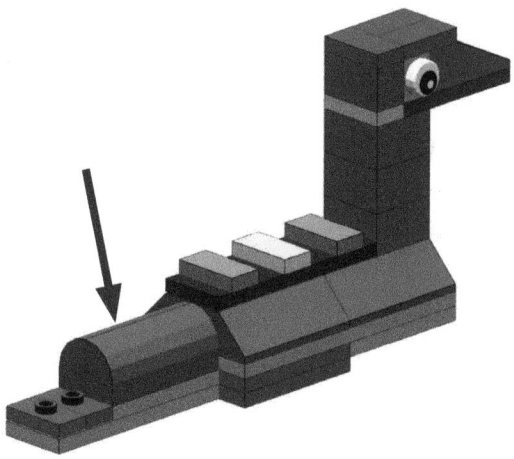

10

1x 4x

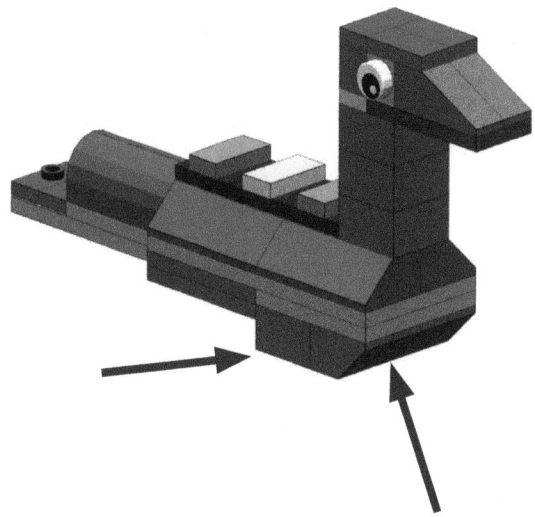

11

1x 1x

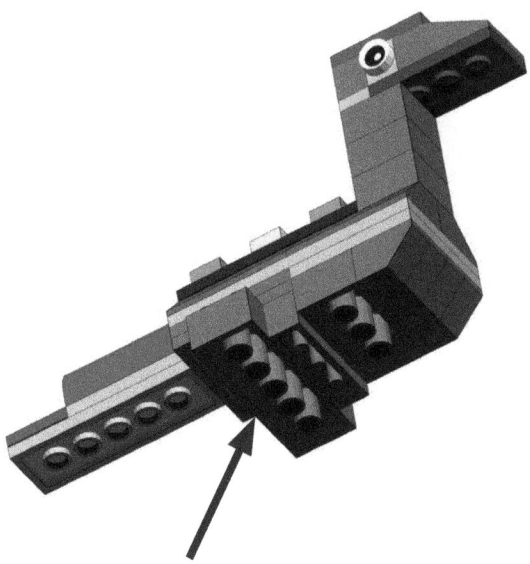

12

1x 1x

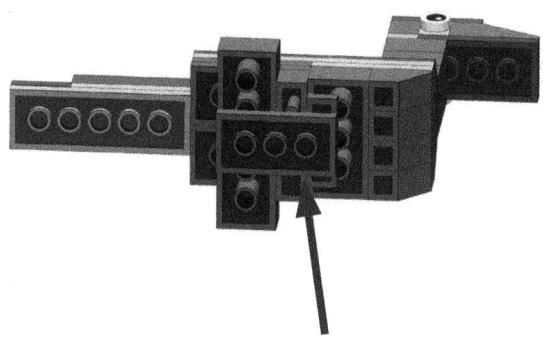

13

2x 4x

14

2x 2x

15

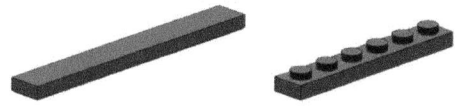

1x 1x

16

2x 2x

Baby Dinos

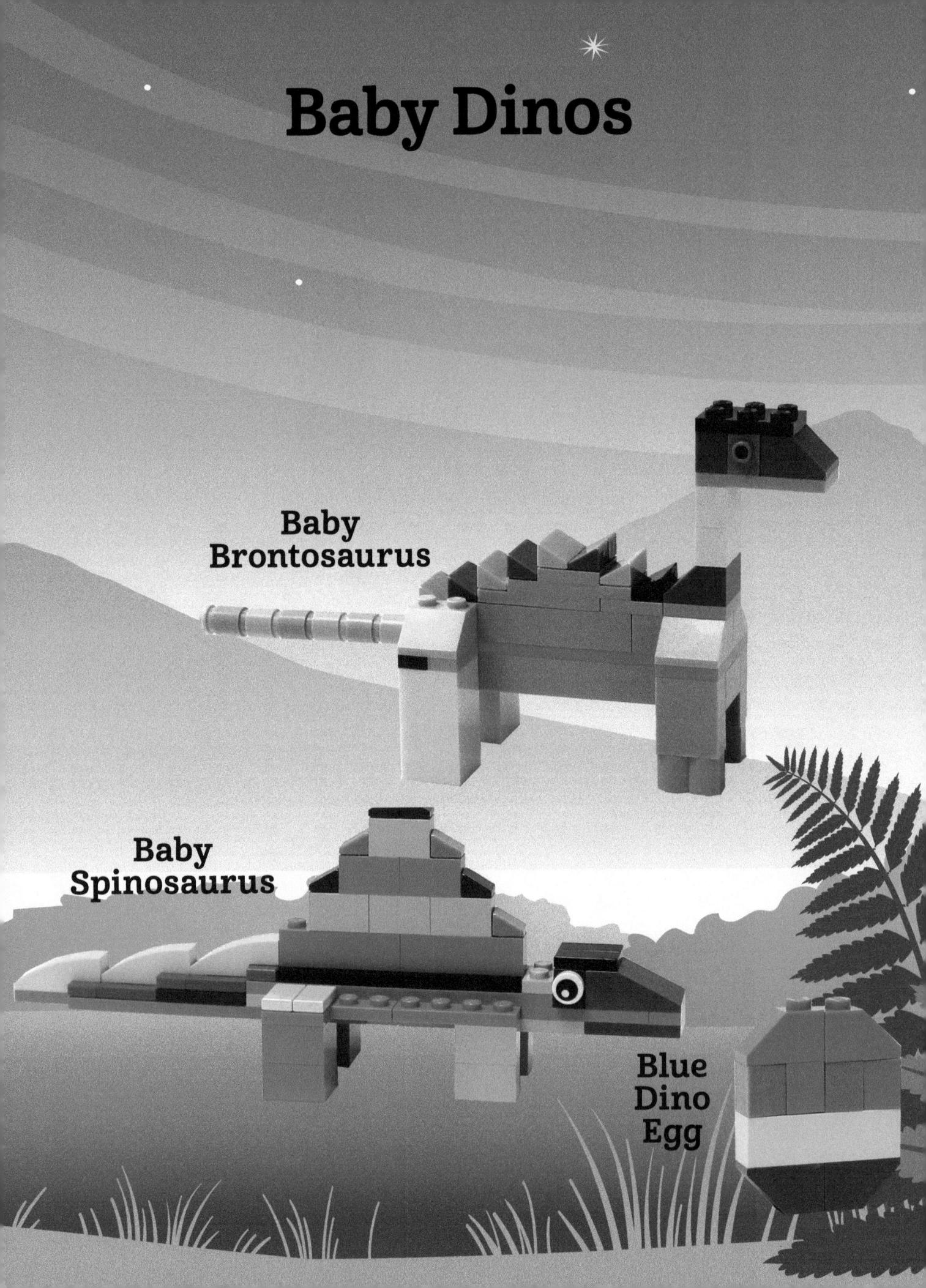

Baby Triceratops
Green Dino Egg
Red Dino Egg

Build a Baby Brontosaurus

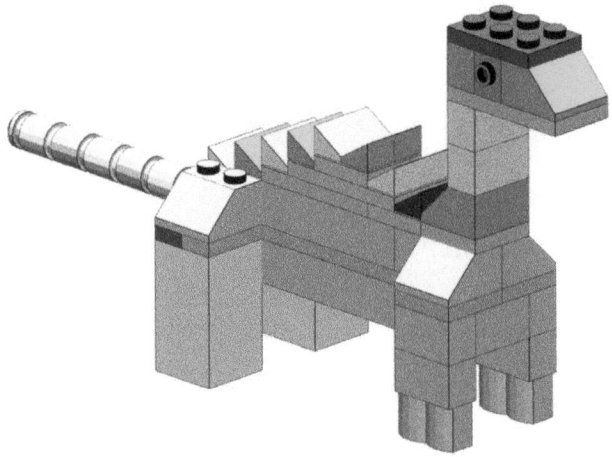

2x 2x 2x 1x 2x 3x 3x

2x 1x 2x 1x 2x 3x 1x

2x 2x 1x 2x 4x 4x

1x 1x 3x 3x 2x 5x

1

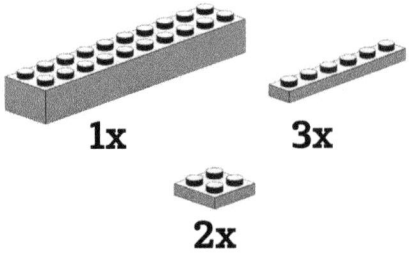

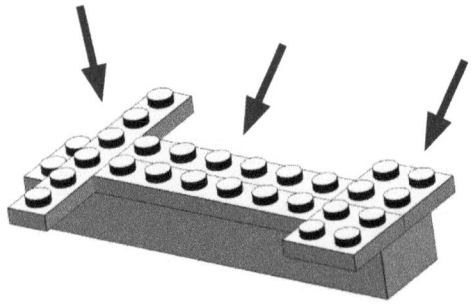

2

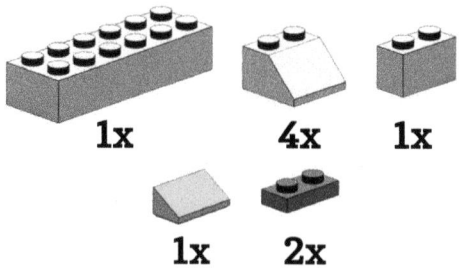

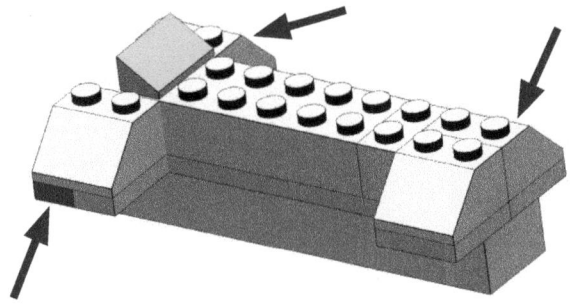

3

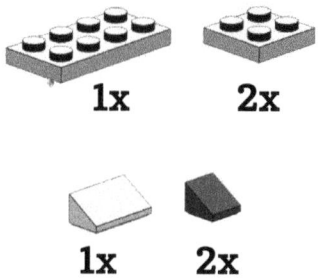

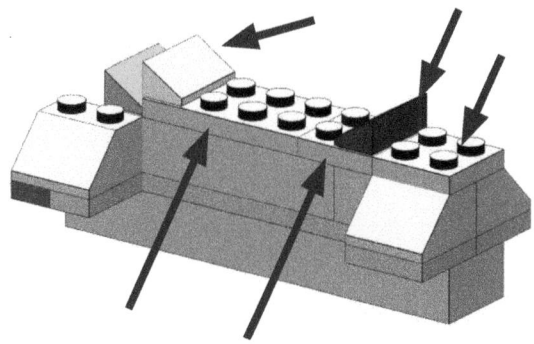

4

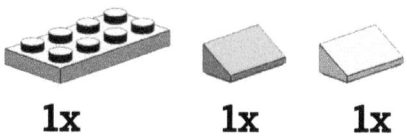

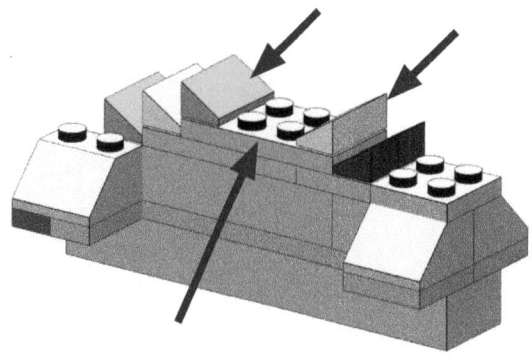

5

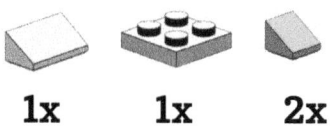

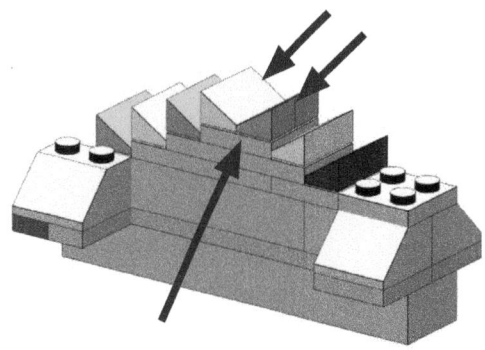

6

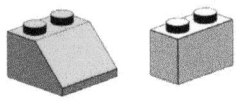

1x 2x

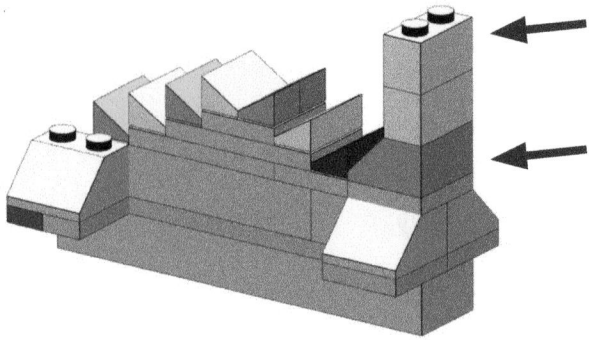

7

1x 1x

1x 1x 2x

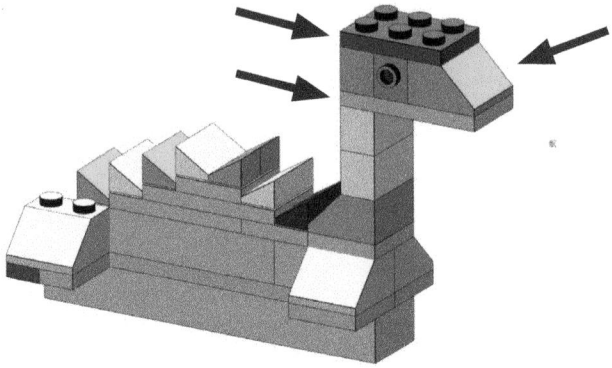

8

4x 2x

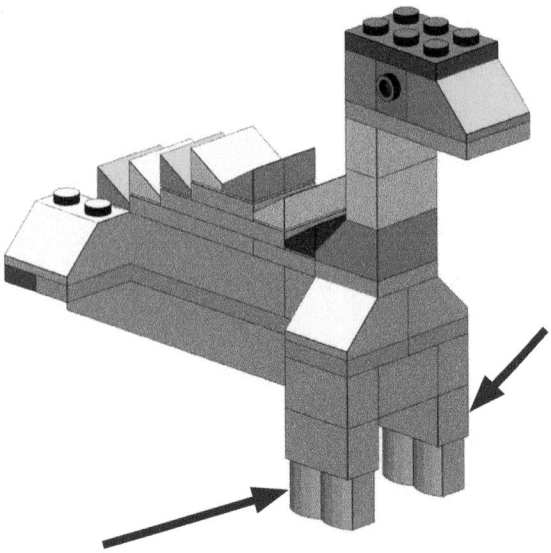

9

2x 1x 1x

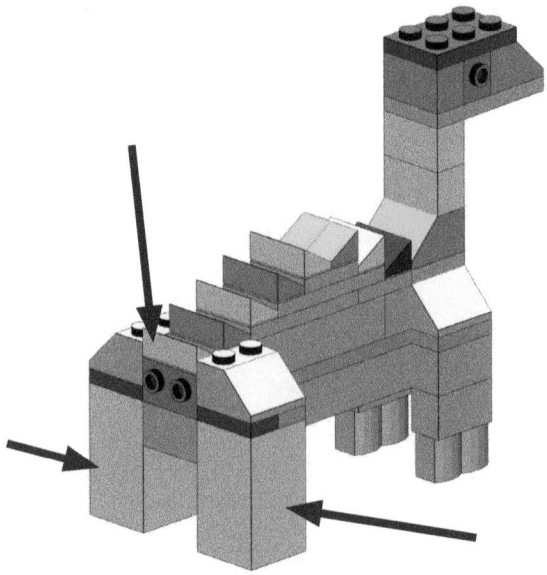

10

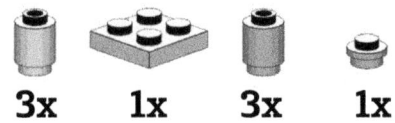

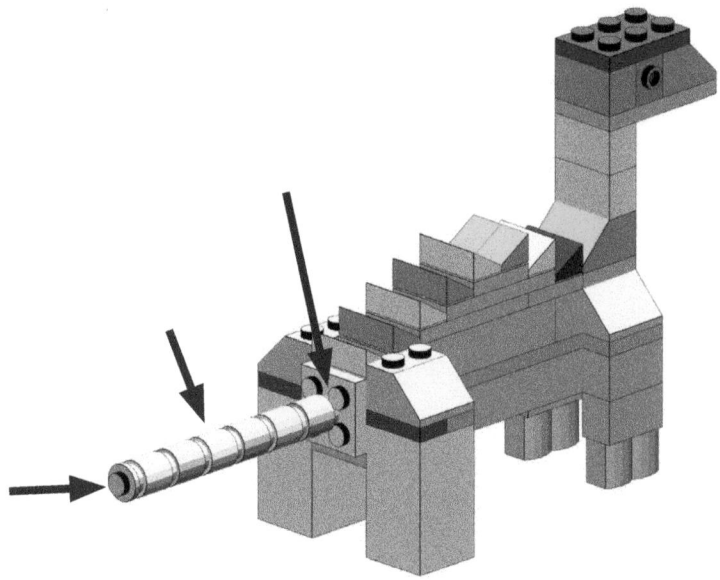

Build a Baby Triceratops

1x
2x
2x
1x
2x
3x
1x
8x
6x
2x
2x
3x
1x
2x
2x
2x
1x
2x
1x
2x
1x
2x
2x
1x
4x
3x
4x
1x
4x
1x
1x
2x
1x
2x
1x
1x
1x
1x
2x
1x
2x

1

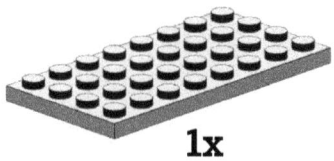

1x

1x

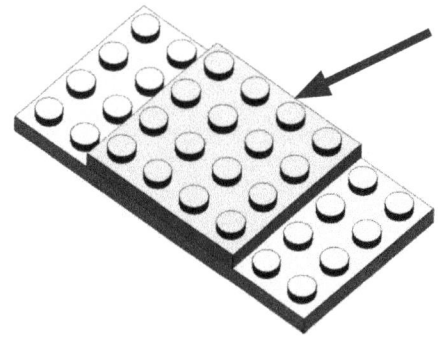

2

4x

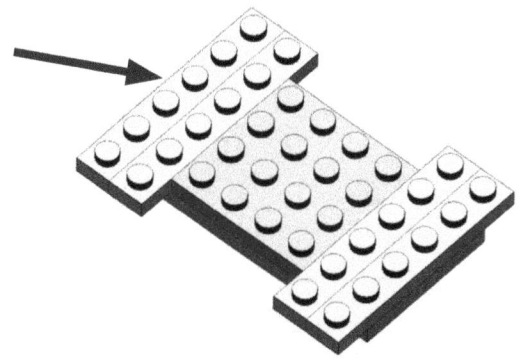

3

6x

6x

2x

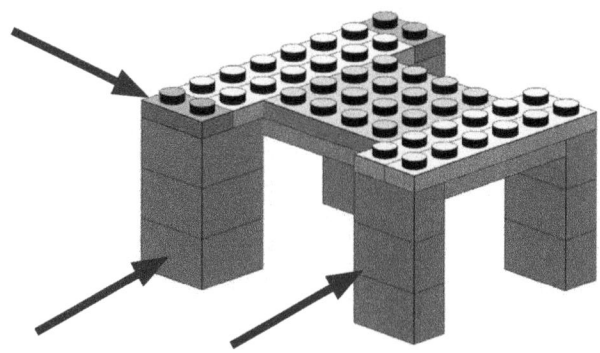

4

2x

2x

2x

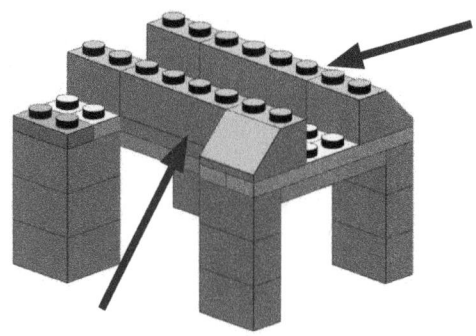

5

1x 1x

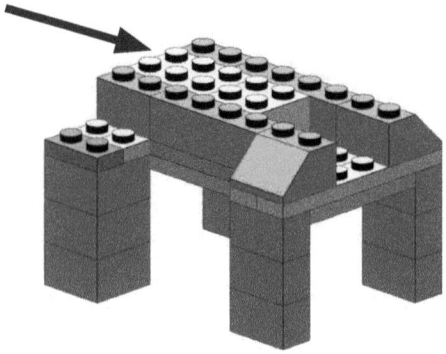

6

4x

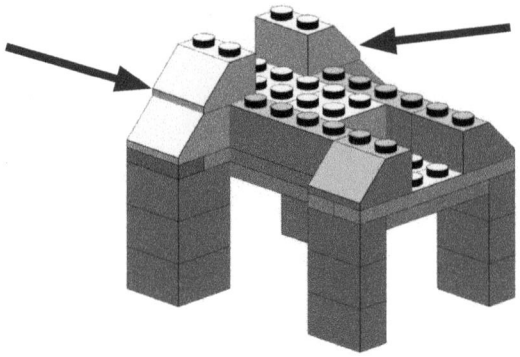

7

1x

1x

1x

1x

8

1x

2x

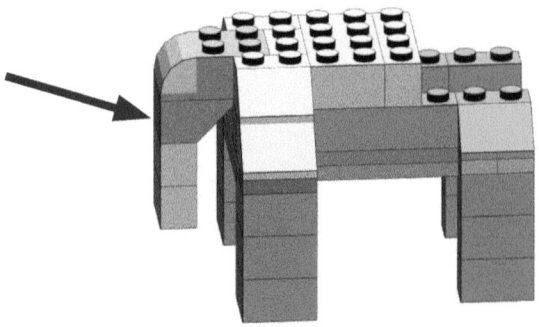

9

2x

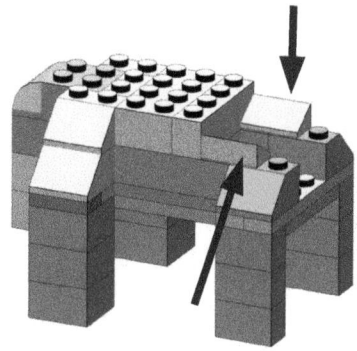

10

1x

1x

1x

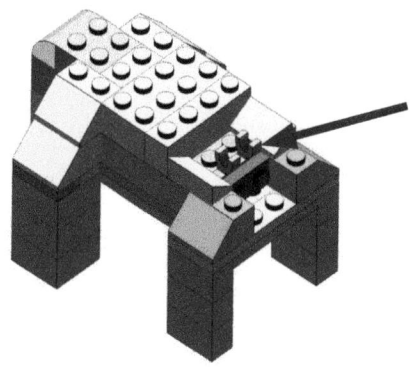

11

1x

2x

2x

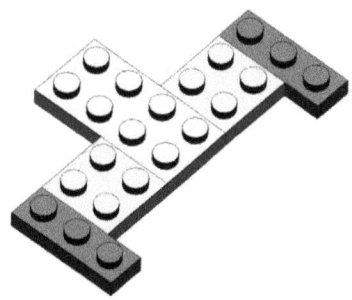

12

2x

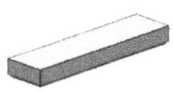

1x

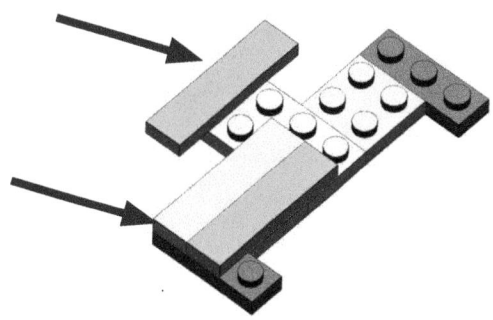

13

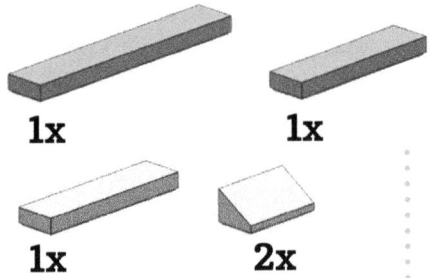

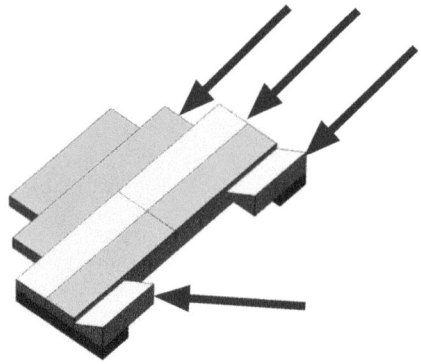

14

15

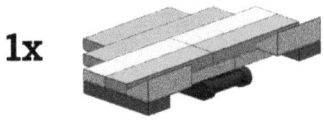

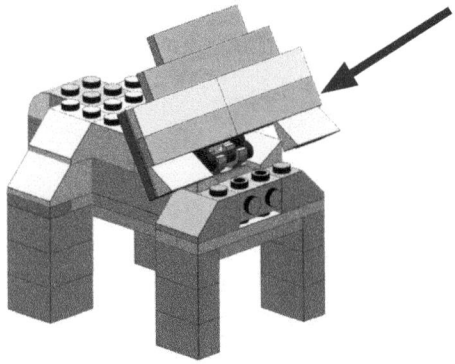

16

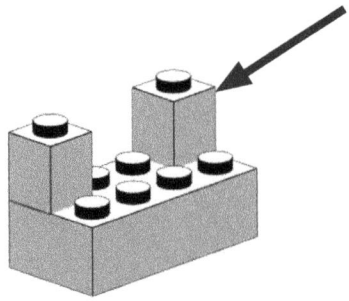

17

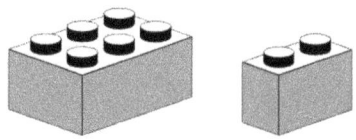

1x 1x

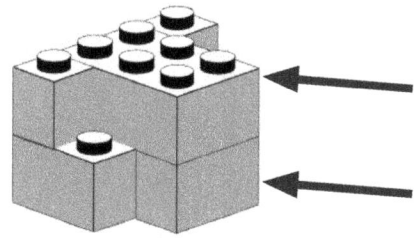

18

1x 1x

2x

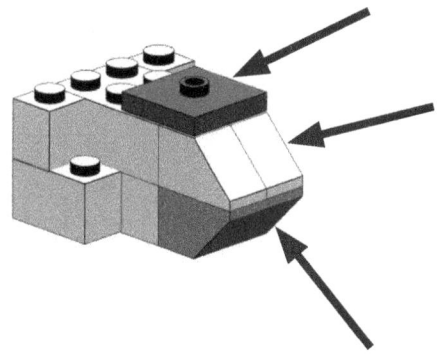

19

2x

2x

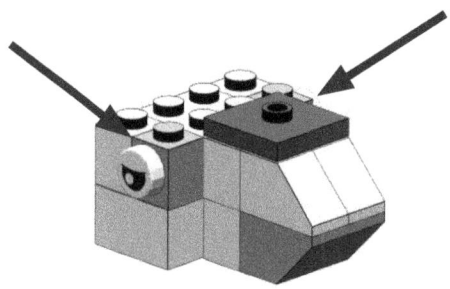

20

2x

1x

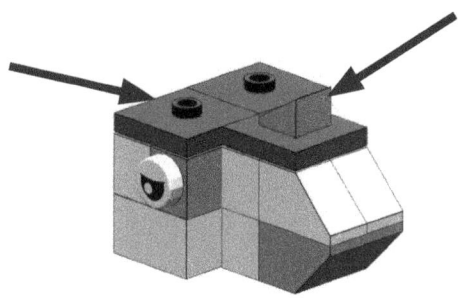

21

2x 2x 2x

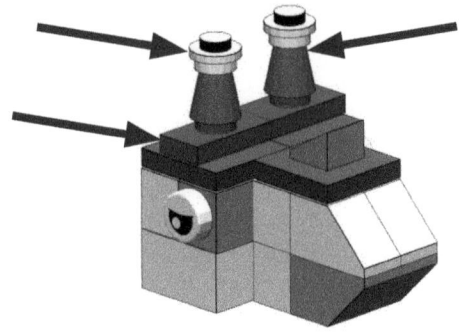

22

1x

1x

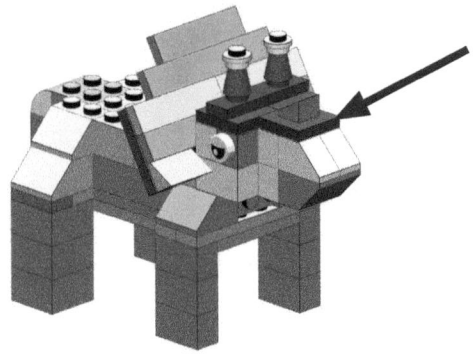

23

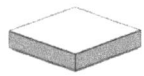

1x

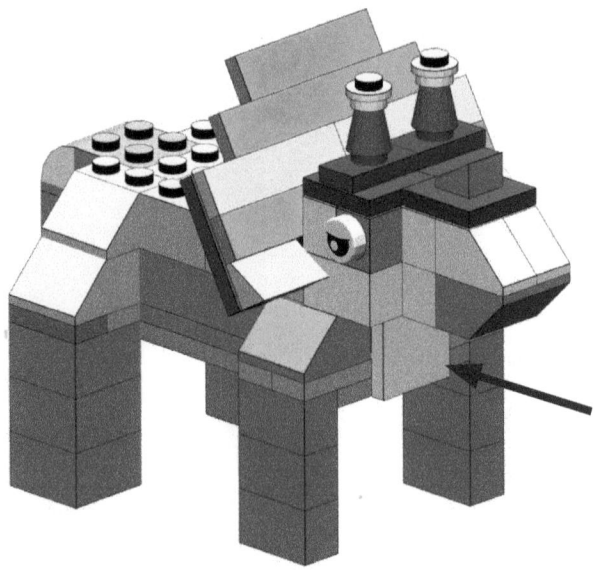

Build a Baby Spinosaurus

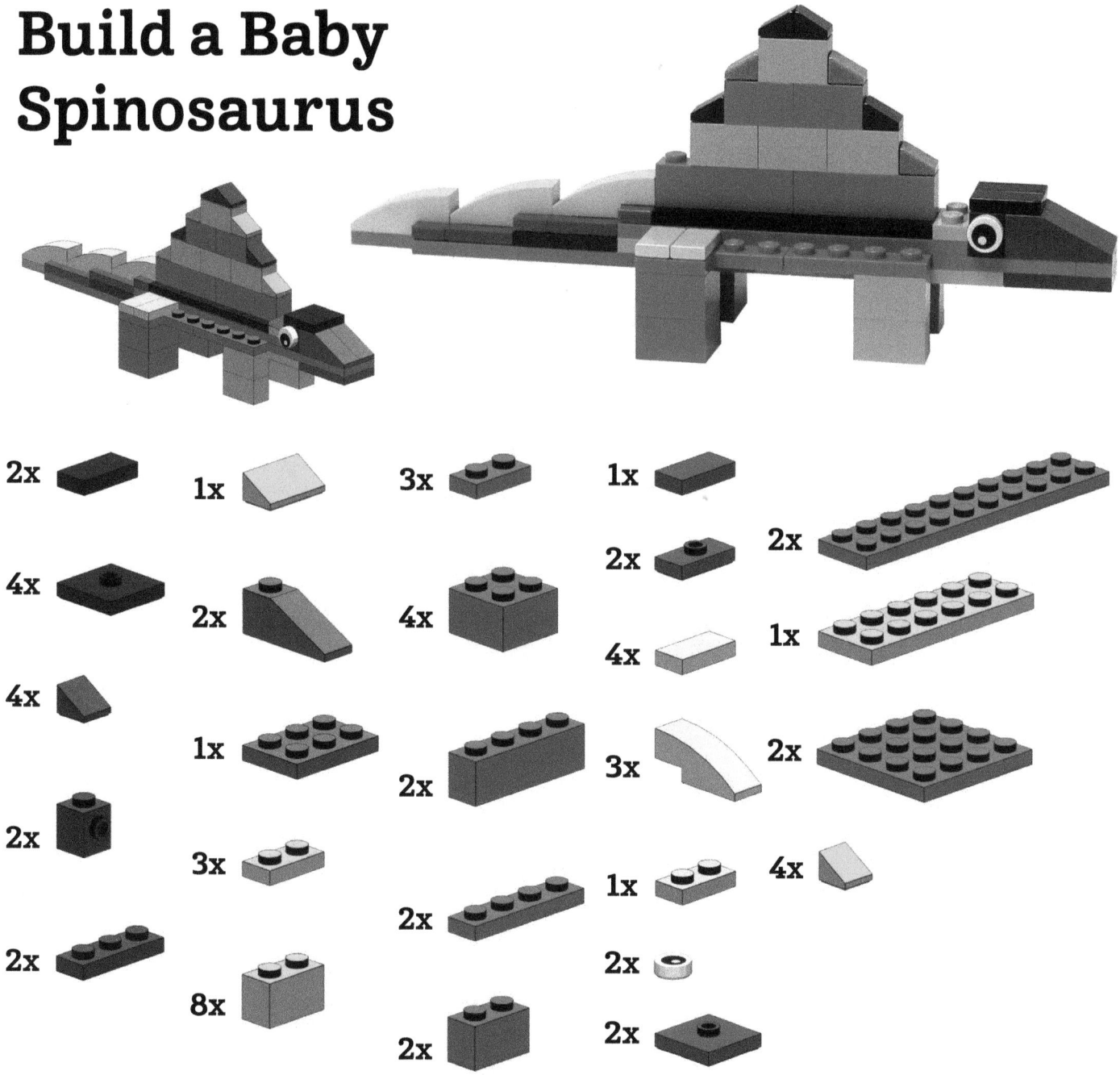

1

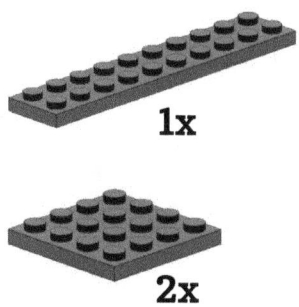

2

4x 1x

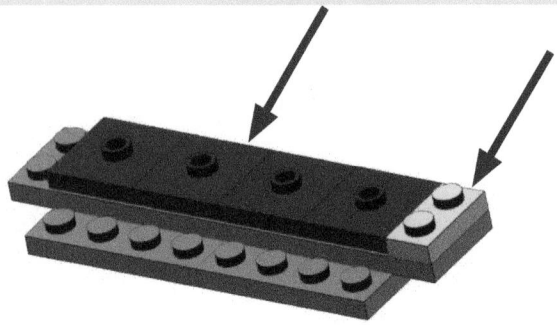

3

2x

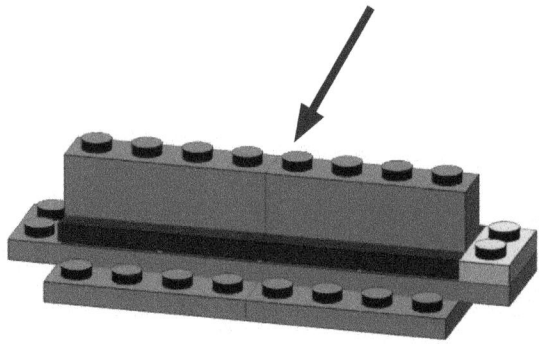

4

3x

2x

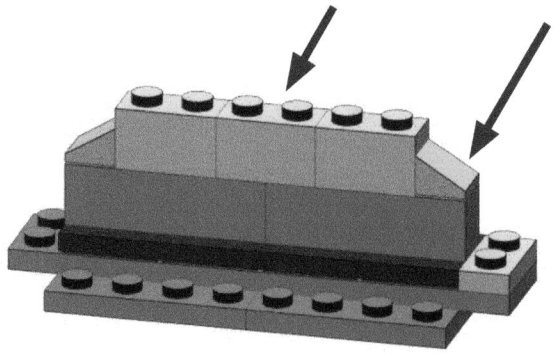

5

2x

2x

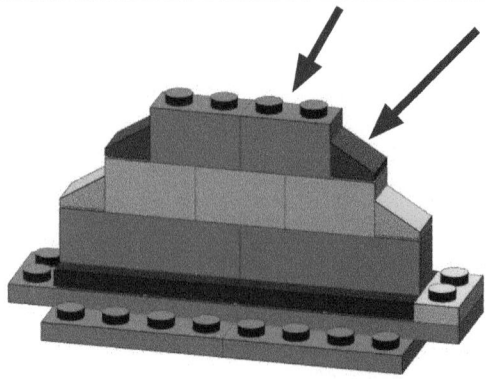

6

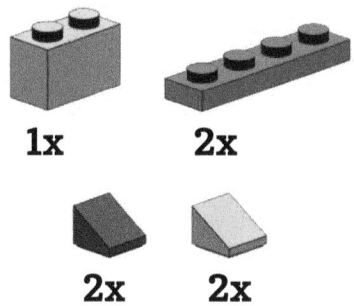

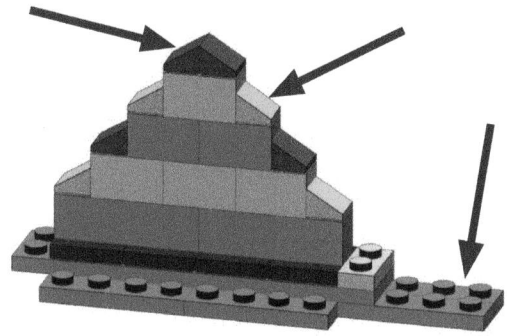

7

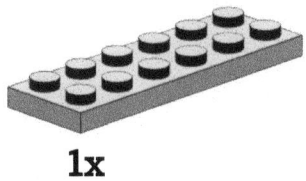

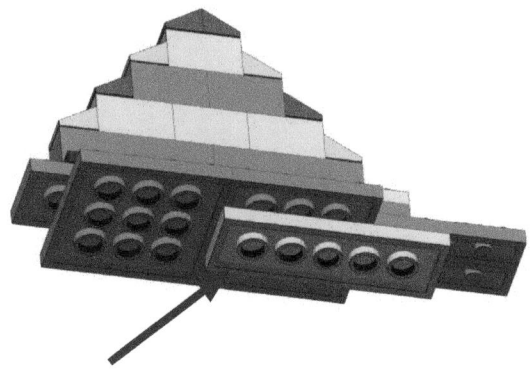

8

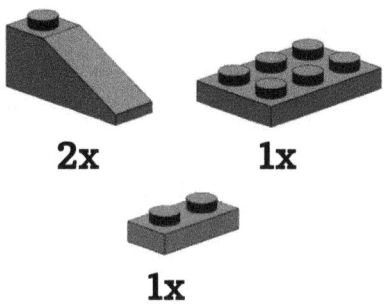

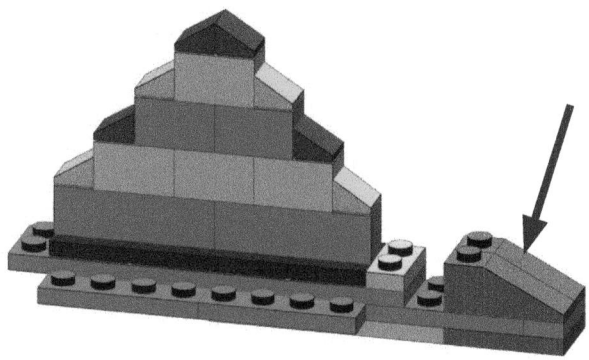

9

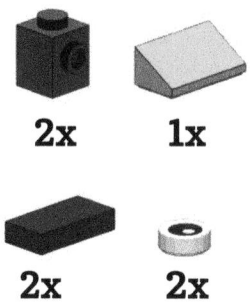

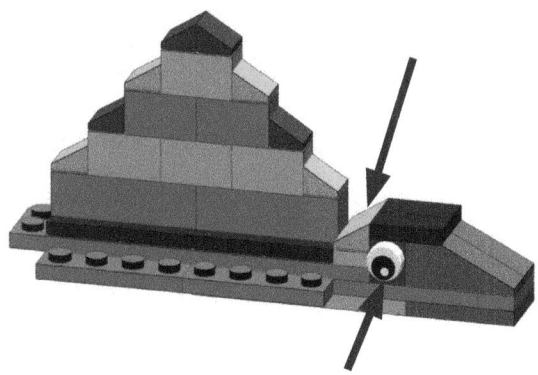

10

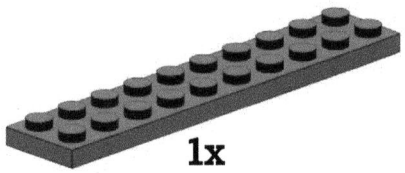

11

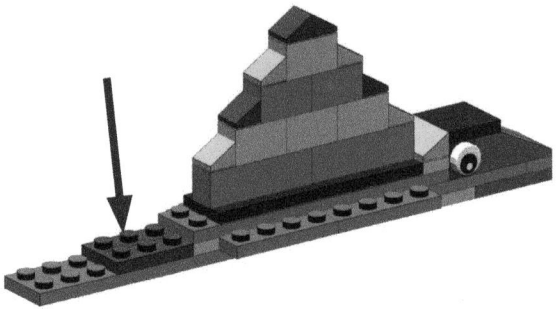

12

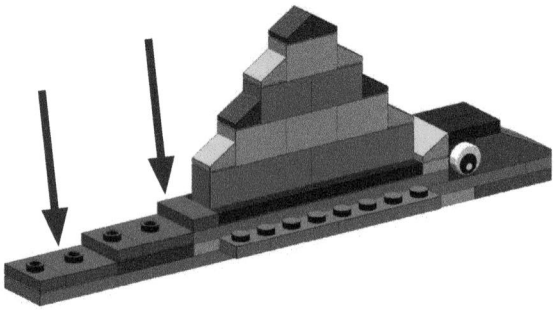

13

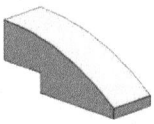

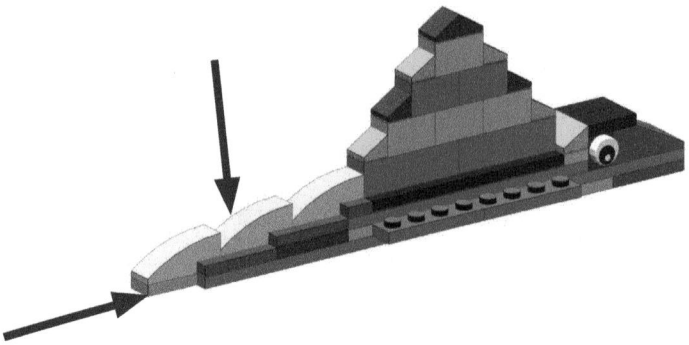

14

4x

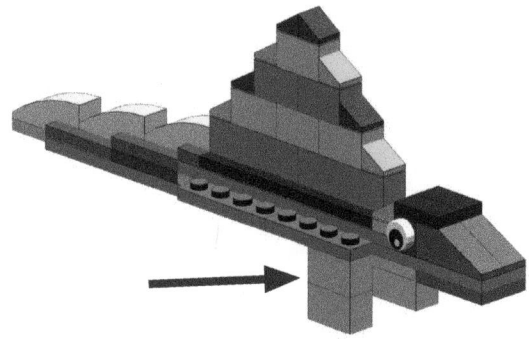

15

4x

2x

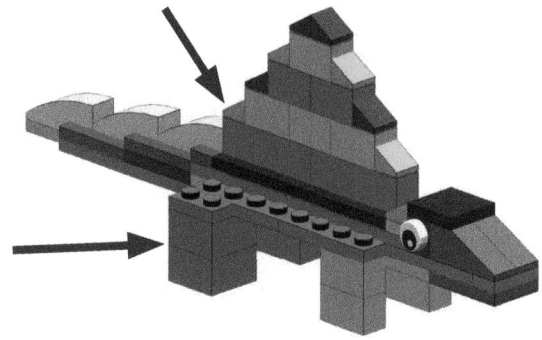

16

4x

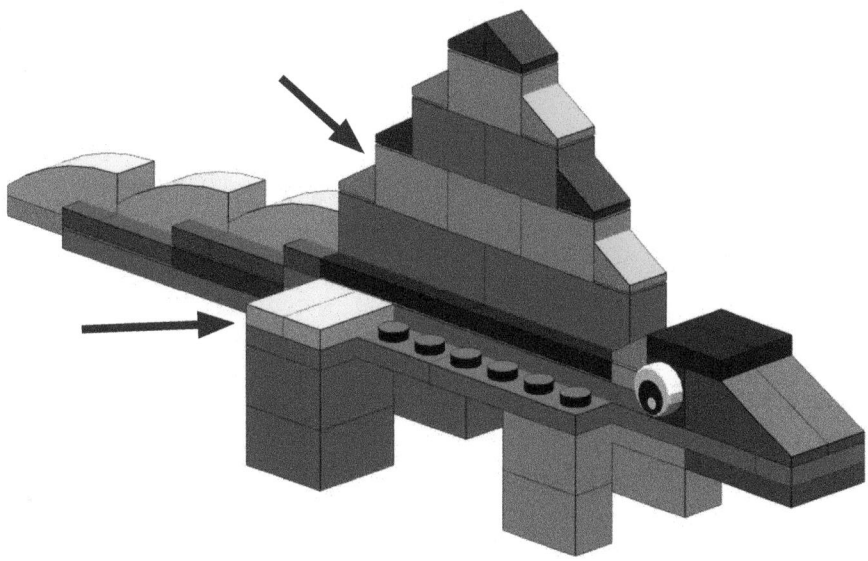

Build a Blue Dino Egg

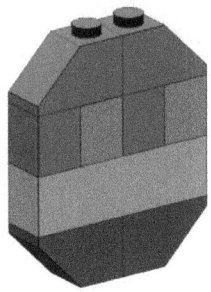

2x 

2x 

1x 

2x 

2x 

1

1x

2x

2

2x

2x

3

2x

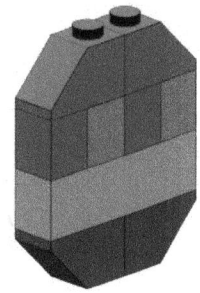

Build a Red Dino Egg

1x 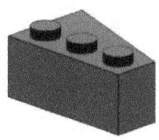

1x 

1x 

1x 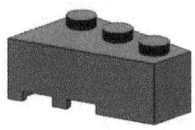

1x 

1x 

1

1x

1x

2

1x 1x

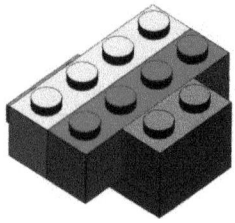

3

1x 1x

Build a Green Dino Egg

1x

1x

3x

2x

1x

1x

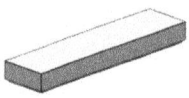

2x

1

3x

1x

2

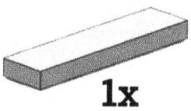

1x

2x

2x

3

1x

1x

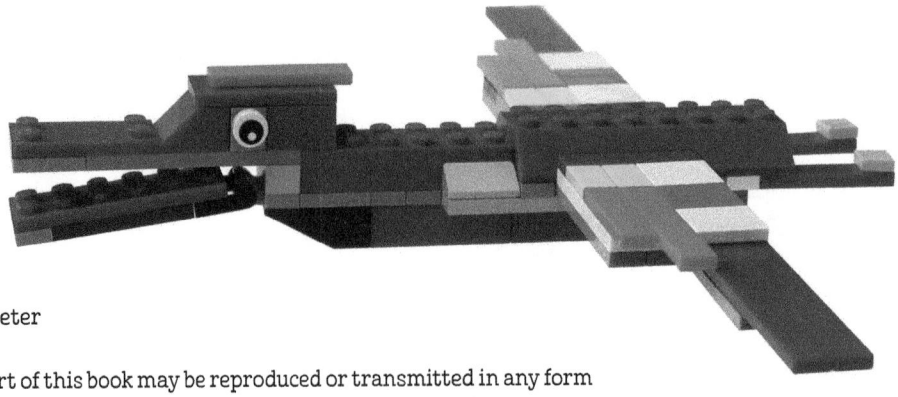

© 2018 by Jennifer Kemmeter

All rights reserved. No part of this book may be reproduced or transmitted in any form or by any means, electronic or mechanical, including photocopying, recording, or by any information storage and retrieval system, without written permission of the publisher.

Library of Congress Control Number: 2017956817
ISBN: 9781513261102 (paperback) | 9781513261119 (hardbound) | 9781513261126 (e-book)

Graphic Arts Books

GRAPHIC ARTS BOOKS®

GraphicArtsBooks.com

GRAPHIC ARTS BOOKS
Publishing Director: Jennifer Newens
Marketing Manager: Angela Zbornik
Editor: Olivia Ngai
Design & Production: Rachel Lopez Metzger

Proudly distributed by Ingram Publisher Services.

The following artists hold copyright to their images as indicated: pages 1, 6–7, 48–49, 76–77, front and back cover: Natali Snailcat/Shutterstock.com; page 26–27: Christos Georghiou/Shutterstock.com

LEGO® is a registered trademark of the LEGO Group which does not sponsor, endorse, or authorize this book. Disclaimer Notice: Graphic Arts Books makes no warranty, express or implied, nor assumes any legal liability or responsibility for the accuracy, correctness, completeness, or use of the parts list associated with a LEGO® product. LEGO Group may change the parts list of a product without notice, and Graphic Arts Books will not be liable to anyone in respect of any loss, damage, injury, or expense, suffered or incurred as a result of reliance on a Graphic Arts Books reference to a LEGO® product.

The author thanks the LDraw community for the parts database it makes available, which is used for making instructions found in the book. For more information on LDraw, please visit ldraw.org.

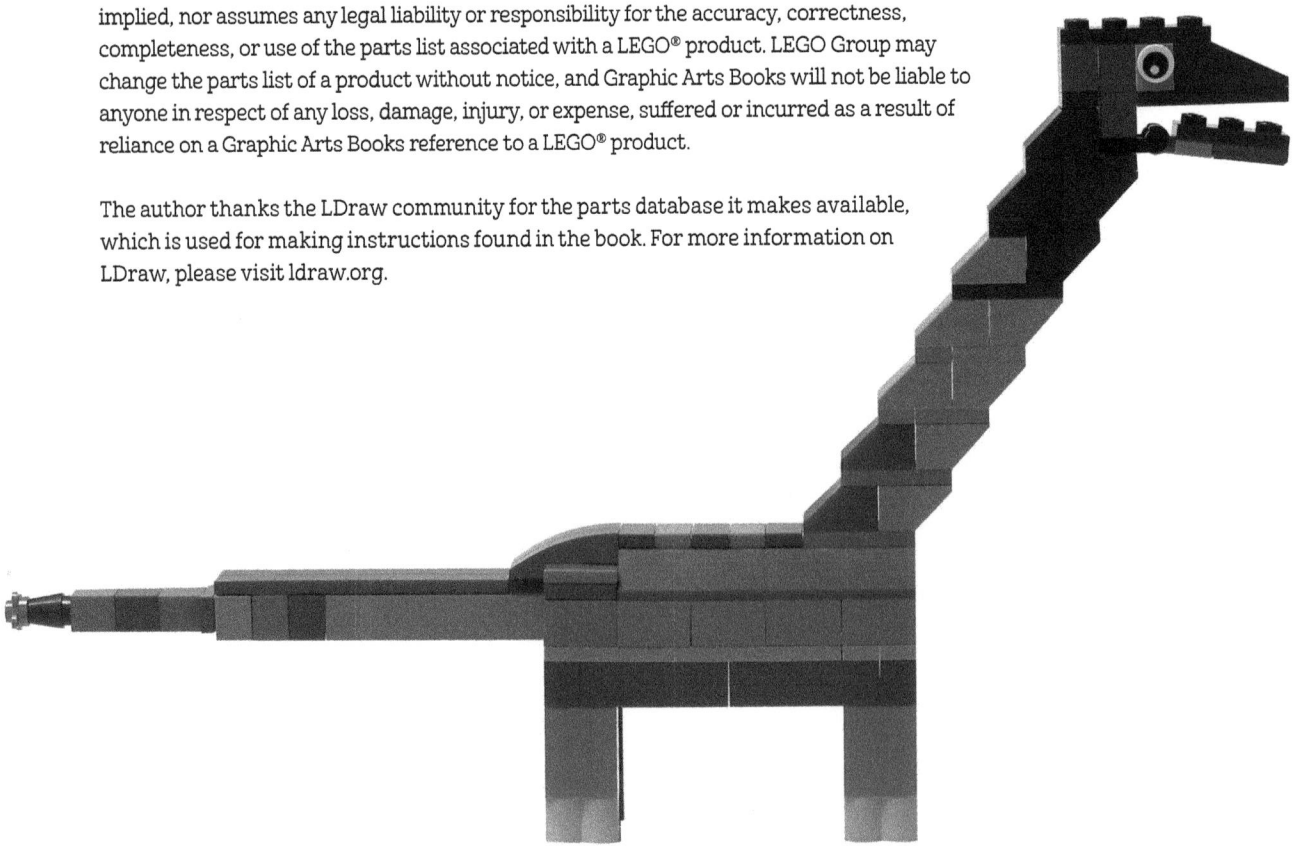

Make sure your Build It! library is complete

Volume 1

Volume 2

Volume 3

World Landmarks

Things that Fly

Things that Go

Things that Float

Robots

Farm Animals

Dinosaurs

Trains

Sea Life

Visit GraphicArtsBooks.com for more titles in the series

Printed in the USA
CPSIA information can be obtained
at www.ICGtesting.com
JSHW072026140824
68134JS00042B/3808

9 781513 261102